Yelena R. Trujillo

**Coach motivacional
para mujeres**

Soy feliz
gracias a MÍ

**Relatos íntimos de
mujeres, vistos desde
unos ojos "sabor miel"**

Nombre del libro: Soy feliz gracias a mí
Autora: Yelena Rodríguez Trujillo
Diseño de portada: Rosa Cartajena/Comunicación Global Design
Diseño de impresión: Nayelly Guadarrama/ Comunicación Global Design
Edición y coedición gráfica: Ofelia Ramos, Aziyadé Uriarte/Comunicación Global Design

ISBN: 978-9962-13-717-7

www.comunicaciongd.com   www.autopublicatulibro.com

Dedicatoria

En memoria de mi querida amiga Violeta, y dedicada a todas las mujeres que en algún momento han vivido experiencias transformadoras; así como a todos los seres de luz que merecen ser tratados con respeto, honestidad, humanidad y dignidad.

Visita mi página

 Yely R. Trujillo

Agradecimientos

Mi más sincero agradecimiento a todas las valerosas damas que me permitieron contar su historia, siendo fuente de inspiración para tantas otras mujeres.

A mis padres, Anel y Élide, y a mis hermanas Anadyr, Danabel y Yanela, quienes han sido mi ejemplo de familia y el mayor tesoro y regalo de amor que pude en la vida recibir.

A mis hijos, Javier Alejandro y Gianna Luccía, quienes han sido un pedacito del cielo en mi vida, y me impulsaron e insistieron en que persiguiera mi sueño de empezar a escribir.

Al compañero de todas las etapas de mi existencia, quien en todo momento animó mis esfuerzos y me brindó en un gesto de amor, el espacio requerido para hacer realidad cada una de las historias.

A mi amigo de una vida, Enrique Castillo, quien creyó en mi capacidad para desarrollar el preciado don de escribir y plasmar mis pensamientos más profundos.

A mis amigas Tatiana, Mina, Norma y Ana, quienes leyeron mis letras para vivenciar, a través de sus sentimientos, las emociones que se encuentran ocultas en cada página de este libro.

Índice

Introducción...11

CAPÍTULO 1

Una historia de lucha y superación.....................13

CAPÍTULO 2

Un amor separado por mentiras
y la diversidad de religión.............................29

CAPÍTULO 3

Dos mujeres que enfrentan con valentía
la enfermedad de su ser amado........................37

CAPÍTULO 4

Una mujer en su lucha contra
la discriminación y el racismo.........................47

CAPÍTULO 5

Una mujer que vive jugando
el juego de… "todo va bien"...........................55

CAPÍTULO 6

Una mujer que pierde
a su esposo y debe superar el duelo...................69

CAPÍTULO 7

El sentimiento incondicional
que puede entregar una mujer cuando ama 77

CAPÍTULO 8

Una historia de amor
que trasciende el tiempo 85

CAPÍTULO 9

Una mujer con el anhelo
de encontrar la felicidad...95

CAPÍTULO 10

Una mujer que vive cada día
con la intensidad del último 109

Introducción

En este libro encontrarás diez historias que he logrado conjuntar a lo largo de treinta años. Memorias de mujeres que han salido adelante enfrentando las más grandes adversidades.

El objetivo de esta obra, querida lectora, es acercarte estas vivencias para que te sirvan de inspiración en los momentos más difíciles, los cuales, en ocasiones, no nos permiten avanzar en este mundo tan complejo, pero al mismo tiempo lleno de maravillosas oportunidades.

Todas las historias están basadas en experiencias y hechos reales, y contienen los más increíbles e inusitados aspectos de vida que un ser humano puede llegar a vivir.

Los relatos que a continuación leerás se fundamentan en situaciones de las cuales fui fiel testigo durante el transcurrir de mi vida, tiempo que compartí con muchas mujeres y que se convirtieron en hermanas de esta existencia; viví a su lado estas experiencias y les serví muchas veces de paño de lágrimas. Lo que en un gesto de empatía me permitió acumular en mi mente, miles de recuerdos que han sido la inspiración para escribir cada línea.

Este libro constituye un apoyo para ti, lectora. Pretende ser además un manual de referencia y una guía práctica que podrás revisar en diversos momentos de tu vida. Estoy segura de que en él encontrarás: luz cuando estés en oscuridad; salida cuando no la veas, y respuestas que te permitirán mantenerte en el camino de la sanidad para vivir una vida plena.

CAPÍTULO 1

Una historia de lucha y superación

Aprendí a valorar todas las cosas que estaban a mi alrededor. A descubrir alegría hasta en las cosas más simples.
Lila

Sentada en un hermoso jardín, escuchando el sonido del agua correr por un pequeño riachuelo, y entre el cantar de pájaros, vuelven a la mente los recuerdos de su infancia. Su nombre es Lila, y esta es su historia.

Su niñez estuvo marcada por la escasez y el sufrimiento. Siendo la mayor de cinco hermanos, con un padre que trabajaba siempre lejos del hogar, y una madre que debía laborar en dos lugares para intentar mantenerlos; le tocó, a la corta edad de diez años, la enorme y difícil responsabilidad de criar a sus hermanos, siendo ella también solo una niña.

Era una buena estudiante y le gustaba mucho la escuela. Pero ante la ausencia de figuras en casa, los padres tomaron por Lila la decisión de renunciar a sus sueños. No pudo volver a la escuela, para darles a sus hermanos la oportunidad de tener una educación y una atención en el hogar.

Se levantaba muy temprano en las mañanas, los aseaba, les preparaba un plato de avena caliente y los llevaba a la escuela. Entonces, regresaba a casa, hacía las labores de limpieza lo mejor posible para que su madre, cuando volviera del trabajo, cansada y muchas veces adolorida por las largas horas de faena realizada, pudiera llegar a descansar.

En las tardes, iba por sus hermanos y los traía de vuelta a casa, contándoles historias increíbles, mientras escuchaba con satisfacción sus risas, y veía pintada en sus caras la alegría y la ingenuidad que podía experimentarse en aquellos años.

A pesar del enorme esfuerzo que hacían sus padres para procurar al menos el alimento, hubo muchas noches donde su madre, sus hermanos y ella solo pudieron ir a la cama con una taza de té caliente en el estómago. Y al estar acostados, antes de dormir, jugaban a imaginar que corrían por un bosque repleto de caramelos y deliciosos y variados dulces, de brillantes colores. Y así, entre historias, sus hermanos y ella se iban quedando dormidos.

Por alguna razón, que por mucho tiempo no pudo descifrar, su infancia siempre la quiso tener oculta; no quiso abrir esa caja de pandora, ni siquiera para ella. Hoy día, aún le cuesta hacerlo.

Y es que hubo muchas cosas que impactaron y marcaron su vida para siempre. Desde que era pequeña sintió que sus padres no la cuidaron y atendieron como un niño merece y debe ser tratado.

A la edad de catorce años, conoció a un hombre que la trataba bien y la llenaba de halagos, atenciones que nunca había experimentado y que provocaban en ella una gran emoción, poco a poco se fueron endulzando sus sentidos; y el día menos pensado se involucró con él, quizá como un escape a la infancia tan difícil que ella sentía que tenía.

Llena de ilusiones, "pensando que él la cuidaría" y que al lado de esta persona encontraría la felicidad, se fue de su casa y se mudó a un lugar lejano, para empezar una vida con Juan. Nunca se imaginó cuán lejos estaba de la cruel realidad y la etapa que en ese momento iniciaba para ella. Con el pasar de los días y la convivencia, el hombre amoroso y atento, se convirtió en un ser totalmente desconocido.

Tomaba y se emborrachaba cada día, y su personalidad fue cambiando. Se tornó violento y ofensivo. Siendo esta su primera relación directa con el sexo opuesto, pasó de la anhelada felicidad, a la sensación de haber ido al infierno.

Tantas veces como no podía recordar, fue abusada, brutalmente golpeada y mentalmente maltratada por él y su familia. La madre de Juan era particularmente cruel con ella, y aun siendo mujer y madre de hijas, nunca se detuvo, buscaba la forma de agredir constantemente a Lila, hasta dejar sus ojos morados y partes de su cuerpo con moretones por días.

Incluso, ella misma llegó a pensar que se lo merecía. Que ella no era lo suficientemente buena para ser tratada con respeto y dignidad. Pero no entendía por qué, si todo el tiempo se esmeraba en hacer las cosas de la mejor manera posible y no lograba complacerle.

Para ese entonces, había alcanzado los dieciséis años, y vivían en un campamento en un pueblito a orillas del mar, en donde todos los días salían a pescar. Tuvo que adaptarse a sus deseos y mandatos. La obligaba a caminar por las calles con la cabeza agachada y los ojos anclados al suelo empedrado, no se le permitía levantar la mirada pues, según él, ella estaba mirando a otros hombres.

Y el día menos pensado, Lila descubrió que estaba esperando un hijo. Trató de refugiar su mente en el anhelo del nuevo ser que crecía en su interior, aun cuando no entendía exactamente lo que eso significaba. Con el pasar de los meses, fue notando cómo cambiaba su cuerpo y crecía su vientre. Trataba de hacer las cosas bien, y caminaba de puntillas para que no notarán su presencia.

Pero su existencia parecía ser el constante motivo de molestia de Juan, y su presencia mezclada con el licor, desataban su furia, porque, aun estando embarazada, seguía golpeándola.

Lila recuerda con tristeza cuando una noche Juan regresó pasado de copas y se molestó porque solo había arroz para cenar. Entonces, la empujó al suelo y comenzó a patear su vientre sin piedad. Ella trató de proteger a su pequeño con sus delgadas manos, para evitar que fuera maltratado. Juan no parecía medir la intensidad de su fuerza, y la siguió golpeando con sus puños hasta que la dejó prácticamente inconsciente, momentos después, ella sola, sin ayuda, fue recuperando el sentido.

El tiempo pasó y, por la gracia de Dios, a los nueve meses dio a luz a una niña. Era muy delgada y pequeña, seguramente por la mala alimentación que ella llevaba, pues, luego de aquella brutal golpiza, a veces se acostaba sin comer para que él pudiese tener comida y no fuese nuevamente agredida.

Con el nacimiento de su hija, volcó sus pensamientos a atender al pequeño y hermoso ser que había salido de sus entrañas. Por la maravilla de la naturaleza, pudo alimentar a su hija naturalmente. Y con el pasar del tiempo y la bondad de algunas vecinas que escuchaban las peleas y maltratos en silencio, a su hija nunca le faltó alimento.

Luego de tres años al lado de Juan, Lila toleraba los maltratos por proteger a su hija, y fue en ese tiempo que se enteró de que su esposo se había involucrado con una niña de trece años, con quien se fue a vivir, abandonándola a ella y a su pequeña. Ahora, estaba ella lejos de la familia y de lo que conocía como hogar.

Así vivió en ese lugar por seis años más, en los que él iba y venía intermitentemente. Un buen día regresó y se disculpó por todo lo que había ocurrido, y le pidió que se fueran del pueblo para comenzar de nuevo. Ella no quería que su hija creciera sin un padre, así que aceptó irse con él.

Se mudaron a otro país hermano en Centroamérica, buscando otros horizontes para ver si levantaban cabeza. Allí Lila consiguió trabajo en una empresa textil, y entonces empezó a ser ella quien lo mantenía, mientras él no trabajaba. Para ese entonces, Juan se drogaba y tomaba todos los días, además se involucró en una pandilla. Y empezó a repetirse la historia…

Entre las drogas y el alcohol, llegaba a casa como loco, destrozando todo a su paso y golpeándola por la menor razón; hasta por el llanto de la niña que se ponía nerviosa con la sola presencia de su padre.

Para ese momento, Lila pensaba que aún no tenía la madurez para internalizar todo lo que le estaba ocurriendo. Dejó su trabajo en la textilera, pues consiguió otro en un pequeño restaurante. Su jefe se imaginaba la vida que ella llevaba, pero por respeto nunca le preguntó nada.

Hasta que un buen día, Juan se apareció en el restaurante para decirle que regresarían de inmediato a su ciudad natal. Al responderle que no podía dejar su trabajo, pues era lo que los sostenía, Juan enloqueció; la tomó por los cabellos y la arrastró por toda la calle empedrada. Quería llevarla obligada, para seguir con el maltrato; así pues, no opuso resistencia. Ahora ella tenía una niña que dependía de su madre y aceptó seguirle.

Regresaron, esta vez a Managua, y Juan aceptó que se mudaran a la ciudad donde Lila había nacido. Esta vez, ella llevaba un segundo hijo en el vientre. Y los maltratos y las agresiones continuaron. Recordaba claramente cómo una mañana, escapando de una paliza segura, subió a una bicicleta con su hija pequeña, y casi perdió al bebé que llevaba dentro, luego de caer estrepitosamente de la bicicleta. En este episodio, su bebé y ella quedaron muy malheridos, pero por la misericordia de Dios, sobrevivieron y a los meses, nació su segundo hijo.

Al dar a luz a la criatura, luego de unos días, sufrió una hemorragia que la llevó a parar a un lúgubre hospital, en el que casi pierde la vida. Ese día pudo decir que fue la primera vez que vio de cerca la muerte.

En el hospital, sintiéndose segura de que no sería maltratada, tuvo la oportunidad de pensar el camino que tomaría, si se alejaba de Juan definitivamente; pero a pesar de lo vivido y de su edad, Lila seguía siendo muy inocente; nuevamente se dejó convencer de sus buenas intenciones, y le puso su apellido al recién nacido. Pero esta vez, a diferencia de lo que él esperaba, solicitó una orden de alejamiento. Tenía que proteger a sus hijos.

Al salir del hospital, Lila fue a casa de su madre y le contó todo lo que había pasado. A pesar de que nunca habían tenido la mejor relación, y que la madre seguía resentida con ella por haberse ido de casa años atrás, decidió apoyarla, y a sus nietos también.

Al poco tiempo de haber tomado la decisión de abandonar a Juan, él y su familia, con quienes había dejado a su pequeña para ir a dar a luz, le quitaron a su hija.

A pesar de la tristeza de no tener consigo a la niña, pudo conseguir un trabajo. Necesitaba demostrar que podía mantener a sus hijos por sus propios medios.

Este proceso no fue tan fácil, ya que él había conseguido una posición política en un municipio, y utilizó sus influencias para que lo favorecieran. Al no poder resistir más estar lejos de su hija, tomó la decisión de regresar con él, pues sus pensamientos se centraban en que, al ella haber crecido sin la figura de un padre, debía evitar que su hija creciera sin el suyo.

Al poco tiempo de su regreso, las prohibiciones y exigencias fueron mayores. No la dejaba hablar con su madre y hermanas a solas. Y cuando salía a la calle, no podía hablar con nadie. La aisló de todo y de todos. Incluso tenía que vestirse como él indicaba, para según él, no provocar la lujuria de los hombres en la calle.

Siguió viviendo esa vida prestada y tratando de olvidar las cosas del pasado que llevaba en su interior sepultadas. Pero un día, le confesó a Juan un secreto que solo su padre y ella conocían, necesitaba sanar y perdonar, y no pudiendo hablar con nadie se lo contó a su esposo. Estaba convencida que él no lo repetiría. Cuán distante estaba ella de la verdad.

Una tarde, reunidos en casa de la madre de Lila, iracundo reveló frente a todos el secreto del pasado de Lila, que ella tan celosamente y por pudor, había guardado. Al escuchar esta cruel verdad, su madre le reclamó deshecha en llanto que por qué ella nunca se lo había confesado para protegerla. Ese día, su madre se separó para siempre de su padre.

Esa noche, fue tan cruenta la pelea y Juan estuvo tan violento, que por miedo a que la encontrara, terminó durmiendo en un matorral para no ser golpeada. Al día siguiente, su hermana menor, a quien ella de niña había cuidado y ayudado, prometió ayudarla a salir de esta vida, para que nunca más volviera a vivir esa tortura.

A la mañana siguiente, su hermana llegó a casa con la excusa de devolverle una camisa, en ella había escondido diez dólares, y una nota que decía: "Ve a buscar tu felicidad".

Tres días después, Juan salió de la casa y fue el momento que Lila aprovechó para escapar; tomó el dinero, preparó dos mudas de ropa de ella y de sus niños, y así nada más, ahora con cuatro meses de embarazo, agarró a los niños y se fue a otra ciudad a vivir con su abuela.

Cuando él volvió y se dio cuenta de que se había ido llevándose a sus hijos, la buscó frenético por todas partes, y llegó a pensar que se había tirado a un pozo con los niños, quitándose la vida. Preguntó a la madre de Lila y a su hermana por ella y afirmaron desconocer su paradero.

Llegó donde su abuela sin que ella supiera toda la historia, ni mucho menos que estaba huyendo. El tiempo pasaba y estaba tan golpeada que no alcanzaba ni a mirar a las personas que estaban a su alrededor. Y entonces, nació su tercer hijo.

A partir de ese momento, llegaron a su vida personas que le tendieron la mano y que contribuyeron a ir transformando su vida. No pasaron muchos meses y Juan llegó a casa de su abuela a buscarlos. Deseaba hablar con Lila. A pesar de la preocupación de sus solidarios vecinos, de que le permitiera quedarse esa noche, ella lo dejó dormir bajo el mismo techo; no sin antes decirle que nunca más regresaría con él. Y a la mañana siguiente, Juan partió para nunca más volver.

Una de esas personas bondadosas que se acercaron resultó ser uno de sus vecinos. Eloy era un hombre muy trabajador y atento. Se preocupaba cada día por procurarles a sus hijos y a ella, un plato de comida. Luego de unos años, aceptó casarse con él, y tuvo su cuarto hijo.

Por doce años estuvieron juntos, tiempo en que reinó la paz y la tranquilidad. No solo era un matrimonio, era también un equipo. Ambos trabajaban, y cuando no era uno, el otro daba la cara por traer dinero y cubrir los compromisos del hogar. El estar con él comenzó a contribuir positivamente, pero con lentitud, en su autoestima; sin embargo, su futuro cambiaría.

A pesar de que era un buen hombre, tenía un vicio que lo transformaba en otra persona. Y nuevamente Lila fue perseguida por el cruel verdugo del alcohol. Empezaron las faltas de respeto, las ofensas y las humillaciones hacia su persona. Sin embargo, y gracias a Dios, Eloy nunca la agredió físicamente.

Pero a veces los golpes que más duelen, son los que nos llegan al corazón. En los momentos en que estaba alcoholizado, sus agravios le cruzaban como una daga el alma, cuando le repetía a Lila que su vicio era mucho mejor que ella.

Eloy seguía tomando sin control. Y Lila fue perdiendo la poca confianza que ya había alcanzado. Sus ofensas le destruyeron nuevamente la autoestima. Una mañana despertó y tomó una de las decisiones más duras de su vida. Decidió irse sola para otro país, con la aceptación a regañadientes de su esposo, en busca de mejores rumbos. Quería trabajar y lograr ahorrar lo suficiente para darles una mejor vida a sus hijos.

Con el pensamiento de un mejor futuro, y con el fin de ganar dinero honradamente y pagar las enormes deudas que a partir del vicio de su marido habían acumulado, luego de dar un beso en la frente a sus hijos, tomó su maleta y subió al autobús. Le costó mucho dejarlos bajo el cuidado de su esposo, pero algo que le reconoció es que, él trató por igual a todos los hijos como si fueran de él; y esto es algo que ella le agradecerá toda la vida. Ese día, Lila supo que su vida como esposos había terminado, y que el destino no permitiría que estuviesen juntos otra vez.

En búsqueda de esos nuevos horizontes, y cruzando fronteras, llegó a la estación de buses de la ciudad de Panamá. Durante el largo e interminable camino, Lila pensaba que había logrado huir de todo. Sin embargo, de lo único que logró huir, y esto lo entendió con el tiempo, fue de los fantasmas del pasado que habitaban en su mente.

En la estación la esperaba una amiga y compatriota, quien le abrió las puertas de su humilde casa, y la trató como a una hija. Allí comenzó a experimentar la ternura y el amor de una madre; de hermanos, de amigos.

A los pocos días consiguió trabajo con una familia que desde el primer día la trató con amor, respeto y cariño. Se trataba de una madre con dos hijos; una pequeña de nueve años y un apuesto chico de diecinueve. En este momento, empezó una nueva etapa en su vida: aprender a vivir en libertad.

El tiempo pasó con rapidez, y a cuatro años de vivir en otro país, Lila seguía experimentando esa libertad de la que ella misma se había privado, lo que le ayudó a trabajar su autoestima, aunque no fue fácil, pues se cayó y se levantó mil veces.

Llegó un momento en que, a pesar de todo lo que había aprendido, sin querer se refugió en el vicio que más odiaba, que era el alcohol y las malas compañías.

Esperaba poder salir de su trabajo, para perder sus pensamientos y emociones en la bebida, hasta muchas veces perder el conocimiento. Pero a la mañana siguiente, los problemas seguían allí, esperándola. Nada había cambiado.

Entonces, entendió que era ella quien tenía que cambiar. Fue aquí cuando realmente empezó el proceso de recuperar su vida. Y a pesar de que algo en su interior le decía que todo estaba dentro de sí, ella seguía buscando afuera.

A los meses de estar en esa tierra que le había abierto los brazos, conoció a una familia de compatriotas. Empezó a frecuentarlos todos los fines de semana. De pronto, le llamó la atención uno de los hijos de la casa, y al parecer, ella tampoco le era indiferente. Después de algunos meses, ya eran pareja.

Se llevaban bien, pero él también tenía el vicio del alcohol, y algunos otros que ella intentaba ignorar; además, era supremamente celoso. Muchas veces la esperaba afuera de su trabajo para asegurarse de que nadie pudiese acercarse a ella. Lila volvió a la vida de algarabía y diversión. Esperaba con entusiasmo que llegara el fin de semana para salir a discotecas, a bailar, a embriagarse, pensando que, con esto, podía dejar atrás su pasado, o quizá hasta borrarlo. Y de nuevo, a la mañana siguiente, su pasado le recordaba que seguía allí.

Al mismo tiempo, desarrolló una buena relación de amistad

y hasta de complicidad con la señora para la que trabajaba. Ella también había pasado situaciones muy difíciles en su vida y, en ocasiones, se sentaban largas horas a platicar de las experiencias de vida de ambas.

Muchas veces, escuchando las historias de vida de su jefa, pudo verse reflejada en sus relatos y hasta sentir el dolor de sus palabras. Y es que Lila también revivía en esos momentos, su propio dolor, sus tristezas e inseguridades.

El tiempo transcurría y cumplió su primer año en esa bella ciudad de grandes rascacielos, bañada de mar de punta a punta. La gente era cálida, y se vivía con tranquilidad y paz. Los fines de semana le gustaba ir a caminar por el malecón, escuchando el ir y venir de las olas.

Su jefa viajaba mucho, por lo que ella se quedaba largas temporadas sola con sus hijos. A pesar de que sentía la ausencia y tristeza de no poder estar con los suyos, se refugiaba dándoles amor a estos chicos que la vida le tenía prestados; sin darse cuenta de que la convivencia con ellos, a futuro quizá podría ayudarle a apoyar en el crecimiento de sus propios retoños. Este es un regalo que sin querer la vida le obsequió.

Ella seguía en la relación con aquel joven, pero cada día se daba cuenta de que eso no era lo que la llenaba. Una vez más buscaba fuera de ella, lo que no encontraba dentro. Hasta que un buen día, decidió hacer frente a la realidad, y terminó con esa relación. Muy a pesar de no tener la compañía de esta persona, encontró paz en esa decisión; siguió caminando el camino de la vida, y replanteándose nuevos escenarios.

Conoció y frecuentó a muchas personas. Y cuando celebraba por primera vez su cumpleaños en este terruño, llegó a su fiesta un amigo de su amigo. Se lo presentaron, y de inmediato conectaron. Su nombre era Ángel, y justamente eso es lo que vino a ser en su vida.

Empezaron a salir como amigos, y esa relación fue evolucionando hasta convertirse en pareja. Era un hombre muy trabajador, atento, cariñoso y sin ningún tipo de vicios. Con él aprendió que hundir las penas en el alcohol no iba a hacer que el dolor desapareciera. Dejó de tomar intentando anestesiar su alma, y con esto empezó a ver las cosas de otro color.

A valorar todas las cosas que estaban a su alrededor. A descubrir alegría hasta en las cosas más simples. En la semana, ya fuera por las mañanas con una taza de café conversaba con su jefa, en quien, el tiempo le demostró, encontró a una amiga.

Antes de que la joven señora saliera a trabajar, compartían los sentimientos y emociones del día anterior; así como las preocupaciones y tristezas. Pero muchas fueron las veces donde compartieron, la alegría, la risa y las complicidades que solo se comunican entre amigas. Ambas aprendían y se enriquecían mutuamente de sus experiencias.

Ya para ese entonces, el hijo de su jefa había partido a estudiar al extranjero. Solo estaban la niña, la señora y Lila. Y empezaron a disfrutar de otro tipo de gratas experiencias. Ella veía en la niña esa vida que ella anheló tener, y que le fue arrebatada. Por eso siempre trataba de protegerla y aconsejarla en todo momento. Allí empezó a crecer la niña que habitaba dentro de ella.

Enseñando a la pequeña a "valorarse en lo mucho y en lo poco", pudo en ocasiones ver los errores que ella cometió. Y por primera vez, empezó a valorarse. A "mirarse con amor y con misericordia". A "no autoculparse" de todo lo que había vivido.

Algunas veces, Ángel le apoyaba en asuntos de la casa. Limpiando el jardín, sembrando plantas, arreglando una tubería atascada. A pesar de no ser un hombre de muchas palabras, sus gestos le reflejaban el amor que sentía por ella; o quizá así, ella lo quería ver.

Pero una tarde, la llamó para decir que todo había terminado entre ellos. Lila no supo cómo reaccionar, se preguntaba qué había hecho para que se alejara de ella sin una explicación. Hoy, luego de sanar, Lila puede expresar todo lo que sufrió al perder esta relación. Con el tiempo supo qué había ocasionado la separación.

Ángel había perdido hacía un año a su novia, quien había muerto de una rara enfermedad. Y él aún no había superado su partida. Lila no supo cómo sentirse. Sentía dolor y tristeza; se sentía utilizada.

Con las semanas, fue superando el vacío de su ausencia. Y nuevamente entendió que buscaba en otros lo que no encontraba en su interior. A partir de este momento... "tomé la decisión de valorarme y ponerme en primer lugar, por encima que cualquiera cosa".

Después de dos años en Panamá, viajó por primera vez a visitar a sus hijos a su país. Los encontró crecidos. Vivieron un mes muy hermoso juntos. Pudo compartir con su madre y hermanos. Regresó a su trabajo en Panamá, feliz, y con nuevas y renovadas energías para seguir adelante. La meta estaba más clara que nunca. Ahorrar dos años más y regresar a su tierra.

Pero la vida le tendría deparada al mundo una sorpresa inesperada: una pandemia que les robó a todos la alegría, las esperanzas y, en ocasiones, hasta la fe. Por casi un año vivieron con miedo de ser contagiados por ese virus que cada día cobraba más vidas. Y Lila solo podía pensar en pedirle a Dios que la dejara regresar a casa para disfrutar a sus hijos, y morir en su tierra si esa era su voluntad.

Durante este año, se perdieron miles de empleos, muchas familias pasaron hambre. Las escuelas cerraron; los hospitales estuvieron abarrotados de enfermos en todas las condiciones de salud posibles. No hubo una familia que no perdiera a una amistad, o a un ser querido. Lila perdió y dejó partir con mucha tristeza a aquella compatriota que cuando llegó a Panamá, le tendió la mano y la hizo sentir el amor de una madre.

Estuvieron encerrados en casa, bajo estrictas medidas de cuarentena. Pero Lila decidió que tomaría este tiempo para aprender a vivir, a pesar de todas las adversidades. Tomó la decisión de superar sus miedos, y de descubrir la verdadera historia que quería escribir su corazón.

Desde ese mismo instante se sintió más segura de quién era. Entendió que "todo en la vida pasa por una razón", y quizá ella necesitaba vivir muchas cosas difíciles, para poder en su momento encontrar dentro de su interior, lo que realmente la hace feliz.

Lila regresó a su tierra, a sus hijos, a su familia, siendo una persona diferente, con la esperanza de darles a los chicos en su etapa de adolescencia, tiempo y calidad; así como todo el amor que hay en su corazón para ellos. Ahora, tiene también un nieto, a quien puede ayudar a cuidar, así como cuidó de sus hermanos, y de esa niña de cabello enrulado en ese país que le abrió las puertas, y a quien ahora, dejó hecha toda una señorita. Ese es su triunfo personal.

Después de un año en su tierra natal, Lila recibió una llamada de Ángel, con quien rememoró los tiempos felices que vivieron. Ahora ella recuerda todo con mucho cariño, y sin ningún tipo de rencor.

Entendió que el tiempo es perfecto. No es antes, no es después; es cuando el universo así lo dispone. Ángel también es de su país, y le ha dicho que tiene planes de regresar a su tierra a envejecer. Le ha pedido a Lila que le dé otra oportunidad de una vida juntos. Ella le ha respondido que, en el futuro, puede ser; pero ahora, "el presente es para ella".

Lila va a desempolvar sus sueños e ilusiones. Estudiará enfermería, se superará y les dejará a sus hijos el mejor legado de lucha, superación y perseverancia que una madre pueda transmitir. Sintiendo que ha sobrevivido a la más tenaz y cruenta de las guerras: "Sobrevivió a la batalla por su vida".

CAPÍTULO 2

Un amor separado por mentiras
y la diversidad de religión

Nina era una chica nacida en un hogar de clase media, cuya única gran carencia, era la de una figura paterna. Su madre intentaba ocupar el lugar de su padre, a quien el destino arrancó de su lado cuando la vida para él apenas florecía, dejándola con tres hijos; Nina tenía tan solo tres años.

A pesar de los intentos que continuamente hacía su madre por mantener una sonrisa, siempre en su rostro y en sus ojos se reflejaba una infinita tristeza por la repentina partida de su padre. Ella entendía perfectamente que su rol de madre no le permitiría llenar aquel espacio vacío; pero cada mañana despertaba con el único objetivo de pintar una hermosa emoción en la cara de sus hijos.

Durante sus primeros años de escuela, Nina miraba con cierta nostalgia cuando los padres de sus compañeras iban por ellas a la escuela; y, en su ingenuidad, no entendía por qué un papá no pasaba por ella y sus hermanos, también a recogerlos.

Muy pequeña, y en un gesto de total inocencia, preguntó a su madre, frente a un grupo de padres, si ella no podría comprar otro papá en el supermercado.

Todos voltearon a ver a su madre, esperando la respuesta que ella le daría. Solo se reclinó a su lado y le dijo con suavidad a su hija: "cariño, los papás y las mamás no se pueden comprar, Dios le regala a cada niño un padre y una madre, y cuando uno de ellos falta en la tierra, se convierte en un ángel para las personas en el cielo".

Entonces, Nina le preguntó a su madre: "¿quiere decir que yo tengo un ángel para mí solita?" Y su madre asintió con la cabeza. Nina entonces salió corriendo a contarles a sus compañeritos: "a que no saben, ¡yo no tengo un papá, pero tengo un ángel para mí solita!".

A pesar de la ausencia de su padre, Nina iba creciendo en apariencia como una niña feliz. Pocas fueron las veces en las que recordó, en presencia de su madre, que su padre no estaba. Pero en su mente, con tristeza miraba la silla vacía al lado de su madre, cuando en el colegio se celebraban las verbenas del Día del Padre.

En sus deseos más profundos, sus pequeños ojos buscaban entre el público, e imaginaban el rostro de un padre sonriente y orgulloso de verla cantar a ella en su acto musical. Y siempre terminaba encontrando la dulce mirada de su madre que le aplaudía muy contenta, mientras lágrimas de alegría rodaban por sus pálidas mejillas.

Nina y sus hermanos fueron creciendo, y ella se convirtió en una pecosa y menuda adolescente.

Siendo la juventud una etapa difícil en la vida de todo ser humano, Nina parecía llevársela bien. Se encontraba en esa etapa donde no existe el miedo; donde nos creemos infalibles y nos atrevemos a hacer todas aquellas cosas que quizá no haremos durante el resto de nuestras vidas.

Al ser Nina una niña tranquila y cultivada en casa, quién podría imaginar que a los dieciséis años sería la vocalista de una banda de rock. La música siempre fue su escape de la realidad.

A temprana edad aprendió a interpretar la guitarra en soledad. Veía a su hermano al regresar de sus clases, y grababa en su mente cada movimiento que sus dedos realizaban, siguiendo las instrucciones de su atento tutor.

Luego, cuando nadie se daba cuenta, Nina tomaba la guitarra y se escondía a replicar lo que había observado. Cuando alcanzaron a notarlo, ya ella interpretaba canciones completas.

Por parte de su padre, provenía de una familia a la que la música se les venía fácil.

Creció escuchando las historias que su madre relataba de su padre, quien era el más pequeño de una familia de catorce hermanos, quienes, para divertirse y ganarse algunos dólares cantaban y tocaban la guitarra, buscando hacerse de la vida para pagar sus estudios.

Contaba su madre, que siendo su padre solo un adolescente, cantaba como un trovador, y sus hermanos simulaban el sonido de otros instrumentos para acompañarle. Estos fueron los recuerdos de familia que, en su momento, se quedaron en el alma y en el corazón de su padre; y que ahora trascenderían a su descendencia.

A los veintiún años, Nina en una noche de desvelo y entre lágrimas de decepción, compuso la única canción que alcanzaría a escribir en su vida. Era el reflejo de los sentimientos que experimentaba en ese momento.

Había sufrido su primera decepción amorosa y se preguntaba, cómo podía confiar en los hombres, a pesar de todas las mentiras que decían. Las tristes notas de la guitarra, y su letra, eran el reflejo de cómo se sentía ella ante la presencia de aquel amor; y de cómo su alma vibraba tan solo de pensar en rozar su piel.

Y es que este era un amor agridulce de juventud. Eran más los momentos de tristeza que los de alegría vividos. Luchaba constantemente contra sus propios sentimientos, y actuaba contrario a lo que sentía realmente. Ir contrario a su esencia la estaba destruyendo; y se preguntaba cómo podía confiar en él, sin escuchar a todos decir que él no era el hombre para ella.

Nina trabajaba en un banco cuando conoció a Kiran. Era un joven empresario muy apuesto de nacionalidad india, al cual ella, con sumo cuidado, seguía con la mirada cada vez que llegaba a visitar a su jefe, con quien tenía negocios en común. A pesar de lucir joven, era unos diez años mayor que ella.

Nina era joven e inexperta, y Kiran, a pesar de su corta edad, se mostraba muy intrépido, seguro y audaz. Cada vez que llegaba al banco, aparcaba su lujoso Porsche fuera de las oficinas, se ponía sus gafas oscuras y salía del coche mostrando un porte y un garbo que a Nina le fascinaban.

La chica había sido contratada hacía un año como asistente de la gerencia, y se encargaba de recibir a todos los visitantes y clientes que su jefe atendía.

Poco a poco, Kiran fue reparando en la existencia de la chica que, tímidamente se acercaba a entregarle documentos a su amigo. Al buscar su rostro, él encontró unos ojos almendrados tan claros como la miel, que lo observaban con la mirada de una tímida geisha. Inmediatamente decidió conquistarla.

Cada vez que Kiran se acercaba, ella de forma nerviosa arreglaba su falda y lo recibía con una cálida sonrisa, hasta llevarlo a la oficina de su jefe. Luego en silencio se retiraba.

Una mañana, Kiran llegó al banco. Nina salió a su encuentro para informarle que su jefe no vendría hasta la tarde; y él le dijo en voz baja: "la verdad, venía a verte a ti".

Hasta ese momento, Nina no se imaginó que tan apuesto galán, de familia reconocida y adinerada se fijara en ella. Y preguntó tímidamente: "¿puedo ayudarle?".

Kiran le respondió: "De hecho, me parece que sí. Vengo a invitarte a tomar una taza de café". Ella buscaba excusas en su mente, pero ninguna razón lógica le llegaba; así pues, ella aceptó. Acordaron encontrarse en la tarde en un café cercano a la oficina. A la hora de la salida, Nina tomó su cartera y caminando, llegó hasta el café.

Allá la esperaba el apuesto empresario, quien la recibió con una gran sonrisa que ella tímidamente devolvió. Conversaron por el resto de la tarde, y acordaron ponerse de acuerdo para repetir el agradable encuentro.

Pasaron unos días, y Nina recibió la ansiada y esperada llamada. Kiran la saludó muy amablemente, diciéndole que extrañaba el dulce sonido de su voz.

En las semanas que siguieron, Kiran aparecía en el banco sin anunciar, solo por el placer que le brindaba ver el rostro de Nina sonrojarse ante su presencia.

Ella se llenaba de miedo, solo de pensar que su jefe se enterara de que, en secreto, sostenía conversaciones con su cliente y amigo.

Así pasaron los meses, y entre ramos de rosas que llegaban anónimamente a su escritorio, cajas de bombones, perfumes y regalos finamente envueltos, fue Kiran cortejando a Nina; hasta que una tarde, en el café de siempre, le robó un ligero beso.

Y allí empezaron una relación fortuita. Discretamente, él la llamaba cada mañana para darle los buenos días, y ella respondía disimulada, pero amorosamente su llamada. Algunas veces por las tardes, acordaban encontrarse en el café que fue testigo de tantos encuentros, y se sumergían en la ciudad para dar largos paseos.

Ella se sentía como en un cuento donde ella era la princesa, y él, el príncipe de las mil y una noches; como el protagonista de las historias que su madre le leía cuando era solo una niña. Nina vivió un feliz, clandestino y hermoso romance. Esperaba con anhelo cada llamada, cada encuentro, cada momento a su lado. Cada vez que él la buscaba en su elegante coche, Nina sentía que estaba siendo transportada con su príncipe, en un lujoso carruaje.

Nina estaba perdidamente enamorada de Kiran, y en su imaginación y sus sueños, se hacía ilusiones de una vida feliz a su lado; sin saber el revés que el destino le deparaba.

De repente y sin previo aviso, Kiran dejó de llamarla, de buscarla. Las rosas dejaron de llegar cada semana, así como los bombones y detalles. Era como si la tierra se lo hubiese tragado.

Nina no se atrevía a preguntar a su jefe por su cliente y amigo, ya que ella presentía que sin decir nada, su jefe se había dado cuenta de la furtiva relación en la que estaban envueltos estos dos amantes.

A la mente de Nina llegaron recuerdos que la inquietaron, que no entendía, como el día en que le preguntó a Kiran cuándo conocerían a sus familias, y él le respondió sin mayor explicación que: "ya habría tiempo para todo eso". Que, hasta ese momento, solo bastaban ellos dos. Y ella no insistió. Se sentía feliz.

Al llegar a la oficina, el lunes siguiente, como cada mañana, abrió el periódico. Y al llegar a las publicaciones de eventos sociales, lágrimas amargas rodaron por sus mejillas.

En el encabezado se anunciaba la flamante boda del señor Kiran Kumar con su bella esposa. Una chica delgada de ojos profundos y dulce sonrisa, ataviada con un hermoso vestido representativo de su cultura. Era la mujer que, conforme a sus costumbres y tradiciones, había sido prometida para él desde que eran niños.

Kiran la había dejado para casarse; y ella se enteró por el titular de una foto publicada en el diario local. Ni siquiera había tenido la delicadeza de confesarle la verdad. Simplemente, desapareció como las noches de Arabia.

Inmersa en su tristeza, se preguntaba por qué, si Kiran sabía cuál era su destino, había jugado de esa manera tan cruel con sus sentimientos y dejado tan lastimado su noble corazón. Se cuestionaba también, cuántas cosas más fueron mentira de todo lo vivido.

"El primer amor, nunca se olvida. Pero el tiempo lo cura todo. Hasta las heridas más profundas del alma". Y poco a poco, Nina fue recuperando su alegría, su entusiasmo, su sonrisa, sus ilusiones; y su interés por la vida.

Luego del dolor, vino el perdón y, nuevamente, la sensación de tranquilidad que solo brinda un mar en calma.

Con el tiempo, se permitió volver a sentir y dar rienda suelta a los más profundos deseos de su corazón.

Entendió que todo lo vivido siempre nos deja una enseñanza. Solo tenemos que darle tiempo al tiempo para sanar.

Pasado unos años, llegó a su vida quien realmente sería su verdadero amor. Un hombre que no solo profesaba su misma fe; sino que además compartía sus valores, sus principios, sus sueños y anhelos.

Compartían, además, uno de los más bellos legados: "el compromiso y el amor por la familia". Este hombre, así como sus hijos, fueron el mayor tesoro que la vida y el destino le pudieron regalar.

CAPÍTULO 3

Dos mujeres que enfrentan con valentía la enfermedad de su ser amado

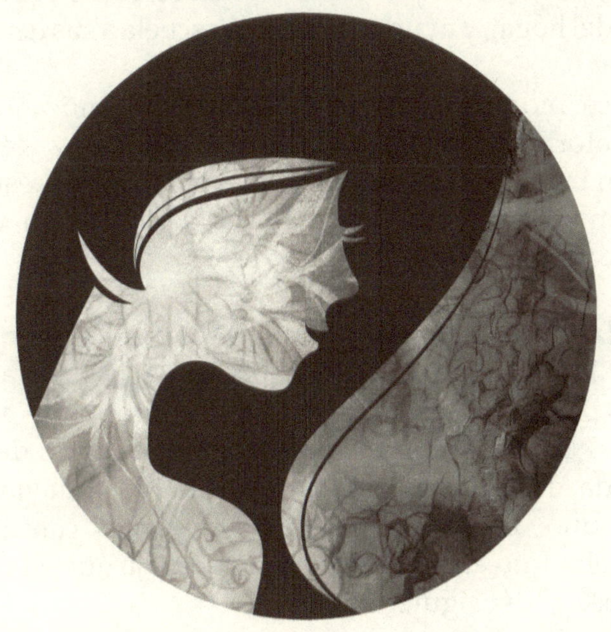

No hay nada más importante que amarse a sí misma
y recuperar la paz mental y emocional.
Paula

Paula era una chica sencilla a quien la vida había tratado con mucha gentileza. Desde los diecisiete años decidió estudiar, trabajar y abrirse paso al mundo por sus propios medios.

Era consciente de que sus padres no contaban con los recursos suficientes para enviarla a una universidad privada. Así que se inscribió en la universidad estatal, en la cual podría obtener una buena educación, a un precio al que ella podría hacerle frente; además de ayudar económicamente en casa.

Un año atrás, una crisis económica había golpeado fuertemente el país, y su padre, que era el principal sustento del hogar, había perdido su empleo.

Por lo que sus hermanas mayores tuvieron que salir a trabajar para, en conjunto con su madre, hacer frente a los gastos del hogar, y ayudar a pagar la escuela a sus hermanas.

Para ese momento, Paula cursaba él último año de la preparatoria, y recordaba como si fuera hoy, cómo su hermana mayor y su madre, con mucho esfuerzo, pagaron su anillo, así como la confección de su vestido de graduación.

Recordaba también cómo había recurrido a su querido amigo Lucho, que incursionaba en la industria de la moda, para que le elaborara su deslumbrante vestido blanco. Nunca olvidaría cómo, una noche antes de la tan esperada fiesta de graduación, su amigo todavía cosía, uno a uno, los pequeños, pero elegantes canutillos y lentejuelas que ataviaban el hermoso traje que ella luciría orgullosa al día siguiente.

El tiempo pasó, y Paula se casó con el hombre del que había sido novia desde el último año de preparatoria. El mismo que la acompañó a su soñado baile de graduación. Dos años después, nació su primer hijo y la alegría de la llegada de un niño inundó su hogar.

Al cumplir su pequeño cuatro años, Paula decidió regresar a la universidad a cursar estudios superiores. Esto abrió un mundo nuevo para ella. Se sentía muy feliz. Pero su esposo sentía celos de que ella fuera a superarlo profesionalmente; y en lugar de apoyarla, se burlaba de sus anhelos de surgir en la vida.

Esto fue creando un abismo entre ellos. Empezaron las

peleas, las ofensas y los maltratos al amor propio y a la autoestima.

Hasta que un día, Paula no pudo más y le pidió a su esposo el divorcio. "Cómo podría estar con una persona que no disfrutaba e impulsaba mis pequeños triunfos". Un hombre al que no le importaba que ella tuviera metas y aspiraciones, y que no estaba dispuesto a apoyarla.

Pasó el tiempo y ella se mantenía sola, llenando sus días con el cariño y la compañía de su hijo. "No hay remedio más curativo para una madre que el amor de un hijo".

Con el pasar de los años, inició una relación con un hombre, con quien compartió muchas lunas; luego el futuro se desvaneció. Y como regalo de Dios, a pesar de la partida de aquel hombre, la vida le regaló una hermosa hija, quien con el tiempo se convertiría en su compañera de vida.

Pasó por relaciones amorosas que no habían prosperado. Y es que después del divorcio, había descubierto una difícil realidad: "la sociedad juzga tan duramente a las mujeres divorciadas, que estigmatiza y desvalora su integridad humana". Se empezó a ver a la mujer divorciada como un juego del momento; no así como un ser de valor.

Pese a haber asistido a una escuela metodista, siempre se mantuvo profesando su tan querida religión católica. Al pasar los años y sin estar del todo convencida, por sugerencia de una amiga, se inscribió en un sitio de internet para solteros católicos.

Recibió todo tipo de saludos; algunos hasta los consideraba intrusivos. Sin embargo, un día recibió una rosa virtual y unos buenos días. Dudó si responder a ese saludo, porque aún se sentía inquieta por la forma poco usual y despersonalizada de conocer a alguien.

Sonreía pensando qué cosa tan loca la de ella, haber aceptado la propuesta de su amiga de registrarse en este sitio para encontrar pareja. Pero viendo lo superfluo de las relaciones en la actualidad, decidió intentarlo.

Así conoció a Leo. Un chico muy agradable y educado que vivía en Orlando, Florida. Era el primogénito de cuatro hermanos, quien, a sus 43 años, aún se mantenía soltero. En ese momento, Leo no trabajaba, aspecto al que, en la ilusión de encontrar a un ser con quién compartir, Paula no le prestó atención.

Leo era hijo de padres cubanos, quienes, producto de la situación política que ha vivido históricamente Cuba, tuvieron que emigrar a Estados Unidos buscando una vida tranquila; pero, sobre todo, buscando vivir en libertad.

Ya en Florida, su padre conoció a su madre. Una niña criada dentro de las más altas esferas de la sociedad cubana, quien solo conocía de mimos, consentimientos, elegantes clubes, fiestas y viajes cada año a París. Y quien había tenido que salir una mañana dejando la vida que conocía, con una maleta en la mano, y tomar un avión hacia Estados Unidos, para nunca más volver a pisar la tierra cubana que la había visto nacer.

El padre de Leo, por su parte, provenía de una pequeña ciudad del interior. Su madre era modista de alta costura, y había procurado brindarle a su padre y hermanas la mejor educación, dentro de sus limitaciones económicas. Cuando la situación política alcanzó momentos inimaginables, decidió migrar a la Florida para procurarle a sus hijos una vida tranquila y sin preocupaciones.

En Orlando, los padres de Leo se conocieron. Para ese entonces, el padre de Leo ya tenía una prominente carrera, y pintaba como un buen prospecto para Elbita, su madre.

Luego de dos años, decidieron casarse; y casi de inmediato, la madre quedó embarazada de Leo, quien nacería meses después.

Al año, el padre fue trasladado como gerente general de una empresa en Sudamérica, y la nueva familia se mudó para continuar su vida. Así, y con los años, fueron llegando a la familia los hermanos, naciendo en ciudades diversas de Centro y Sudamérica, donde el padre iba siendo reubicado por la empresa farmacéutica en la que laboraba.

Cuando Leo cumplió quince años, él y su hermano de trece fueron enviados por sus padres para vivir con su abuela materna en Miami, y estudiar el bachillerato. Los constantes cambios de escenario en la vida de Leo, así como el apartarse de sus padres a esta edad tan importante para un adolescente, fueron afectando su estabilidad mental y emocional; sin que nadie se percatara.

A los veintiún años, siendo un chico brillante, ya estudiaba una carrera de negocios en una prestigiosa universidad en Boston.

Sus padres ya se habían radicado nuevamente en Miami, y una mañana, su madre Elbita recibió una llamada de la clínica universitaria, en la que le decían que debía volar urgentemente a Boston, pues su hijo había sufrido una severa crisis nerviosa.

Sin pensarlo dos veces, Elbita salió la mañana siguiente para Boston, y cuando llegó a la clínica donde se encontraba su hijo, su sorpresa fue tremenda, al verlo con su cabeza totalmente rapada. El psiquiatra le comentó: "esto es un mecanismo que en ocasiones utilizan las personas afectadas en su salud mental, para sentir que tienen control de algo, que ponen las cosas en orden, aunque sientan un desorden en su interior".

Los años pasaron y Leo terminó con grandes honores su carrera, y se insertó en la vida profesional. Sin embargo, las crisis nerviosas le fueron acompañando en cada etapa de su vida y cada proyecto que él emprendía. Estas crisis venían acompañadas de fuertes ataques de furia y de maltrato verbal; así como de llanto y dolor. Y en los momentos donde estaba envuelto en la ira y en la furia, el blanco inmisericorde de frustración era su madre; quien el único pecado que había comedido había sido darle la vida, amarlo e intentar protegerlo.

Esta enfermedad, no solo fue afectando a Leo, sino fue destruyendo el vínculo con su familia, y fue minando toda relación amorosa que iniciaba con el sexo opuesto.

Producto de la frustración y el torbellino mental y emocional en el que vivía, además de consumir altas dosis de antidepresivos y ansiolíticos, Leo cayó innumerables veces en el vicio de la pornografía; y peor aún, en llenar sus vacíos físicos y emocionales producto de los estados de depresión, con la compañía de prostitutas, quienes eran remedio pasajero para su dolor. También fue blanco de mujeres que solo buscaban dinero, procurándole largas horas de conversación y un falso amor, disfrazado en relaciones amorosas, carentes de afecto real.

Al llegar a los cuarenta y dos, Leo decidió registrarse en un sitio web de citas para católicos, y allí conoció, un agosto, a Paula. Entre mensajes, gestos de afecto y largas conversaciones, iniciaron virtualmente una relación. Y para el mes de septiembre, Leo viajaba a Panamá a conocer a Paula. Para noviembre, Paula viajaba con sus dos hijos a Miami a conocer a la familia de Leo. Y hacia finales de diciembre, se estaban casando frente a una amable juez en esa bella ciudad; posteriormente viajaron a Panamá para radicarse en esa cálida tierra que les abriría las puertas.

Leo le había contado a Paula sobre su salud mental. Pero nada de lo relatado podría jamás compararse con la realidad que a ella le tocaría vivir a su lado. "Yo no tenía ni la menor idea de lo que significaban los problemas de salud mental, ni de lo serio y difícil que podría ser convivir con una persona que vive esa dura y complicada enfermedad, que para muchos es invisible; pero que daña tanto a quien la vive, como a la familia que la rodea".

Seis meses después, y estando Leo en la mitad de una dura crisis, donde el llanto, la ira y la frustración eran el único escenario que para entonces Paula conocía con su ahora esposo, decidió viajar con él a Miami, para que, los padres de Leo le ayudasen a entender, qué era lo que estaba pasando, y cómo debía lidiar con esa cruel enfermedad.

Esta fue la primera vez que ella regresó a casa sola, y Leo se quedó en casa de sus padres en Miami para recuperarse. Hacia finales de diciembre, él regresó a Panamá con la esperanza de volver con su esposa, y los hijos que con cariño había aceptado.

A los meses, había conseguido un trabajo y estaba muy entusiasmado con el nuevo reto. Pero la ilusión le duró muy poco. Su salud mental lo traicionó y a los tres meses perdió el trabajo; volvió a hundirse en una profunda depresión; que lo dejó internado por primera vez en este país en un centro de salud mental.

Para ese momento, Paula se encontraba desgastada física y emocionalmente, cuidando de su esposo enfermo; quien, en sus momentos de dolor, tristeza y frustración, arremetía contra ella, sin poder medir el impacto del daño que sus palabras y acciones provocaban en ella.

El nivel de estrés que el lidiar con Leo le ocasionaba, hizo que su cuerpo somatizara la difícil situación; empezó a sufrir de dolores musculares intensos en todo su cuerpo. Este era un sufrimiento que Elbita, la madre de Leo padecía, ya que producto de los problemas de salud mental de su amado primogénito, ella había desarrollado una fibromialgia. Posteriormente, la situación la llevaría a problemas cardíacos y, finalmente, a una demencia senil; lo cual la llevó a darle la paz y la tranquilidad que necesitaba, al desconectarse casi por completo del mundo.

Hacia finales de ese año, decidieron visitar a un reconocido psiquiatra, quien luego de algún tiempo, formalmente declaró que Leo sufría de depresión crónica severa y bipolaridad. Leo estaba dentro del 25% de las personas que sufren de esa enfermedad mental que les genera un desbalance químico, el cual no puede ser tratado ni siquiera con medicamentos de alta potencia, y al que, incluso, las terapias de electrochoque tampoco le producen resultados de mejora permanente.

Esto fue una cruda y difícil realidad para ser aceptada por Paula, pero sobre todo por Leo, quien tenía la esperanza de algún día poder dejar de lado el constante sufrimiento, y llevar lo que él definía como una vida plena. Pero este escenario, nunca llegaría.

Antes de finalizar el año, fue internado nuevamente en el centro de salud mental. Paula se tragaba sola y en silencio esta situación, sin compartirlo absolutamente con nadie; pues estaba consciente de que vivimos en una sociedad que juzga duramente a las personas que sufren de enfermedades mentales, en lugar de documentarse para procurar incorporarlas dentro de la sociedad y permitirles el derecho de vivir una vida, en lo posible normal; sintiéndose aceptadas.

Ese diciembre, Leo se despidió de su esposa Paula, para dirigirse a Miami a intentar un nuevo tratamiento.

Pero nunca más regresó. Decidió volver a vivir su vida en soledad.

Paula no solo fue maltratada mental, emocional y psicológicamente, sino que también fue abandonada por un esposo al que amaba, pero a quien tuvo que dejar ir, por procurar su supervivencia y la de sus hijos.

Entendió que no había nada más importante que amarse a sí misma; y recuperar su estabilidad, así como su tranquilidad, y su paz mental y emocional.

Supo que, con el tiempo, las heridas cerrarían, y que esto le permitiría perdonar el abandono de un hombre que sufría una enfermedad que él tristemente no podía controlar. Y con el tiempo, al perdonarlo, se pudo perdonar a ella misma; de esta manera, pudo volver a experimentar en su vida la verdadera felicidad.

CAPÍTULO 4

Una mujer en su lucha contra la discriminación y el racismo

El hogar está siempre, donde está tu corazón.
Beca

Beca era una dulce y risueña joven, con muchas ilusiones y eternamente enamorada de la vida.

Ella y su hermana habían sido criadas por su madre y sus abuelos. Su abuelo era un hombre estricto, pero noble y de buenos sentimientos, quién cuidaba y velaba siempre por la felicidad y seguridad de su hermosa familia.

Poseían una empresa familiar que se dedicaba a la construcción. Algunas veces, Beca y una que otra amiga, al salir del colegio, caminaban hacia la oficina de su abuelo para darle un beso, contarle cómo había sido el día de clases y procurar un dinerito para compartir un delicioso almuerzo con sus amigas.

Siendo Beca, hija y nieta de docentes, fue rigurosamente educada; tanto a ella como a su hermana les inculcaron estrictos principios y valores morales, los cuales la han acompañado durante toda su vida.

En la escuela era una excelente estudiante. Muy respetuosa y atenta con sus maestros y profesores.

Le encantaba dibujar y, muchas veces, en las clases de historia, a pesar de estar escuchando la clase, podía encontrarse a Beca dibujando en la esquina del salón a apuestos artistas de rock.

En el colegio se graduó de bachiller en Contabilidad, pero todos a su alrededor sabían que su pasión por dibujar la llevaría a convertirse en una increíble creadora de hermosos e innovadores diseños.

Era una chica de pocas, pero verdaderas amigas, con gustos y costumbres diferentes. Solía llegar muy temprano al colegio, y coincidía con una amiga con quien aún mantiene un hermoso vínculo de cariño, hermandad y amistad. En sus travesuras de adolescentes, se escapaban juntas Beca y Elena, antes de iniciar las clases, a un café cercano al colegio; entre cuentos y risas se comían a tempranas horas de la mañana, un delicioso helado de chocolate para, en complicidad y de puntillas, regresar a tomar sus asignaturas.

El tiempo pasó, llegó la graduación, y después, Beca entró a la universidad a estudiar la carrera de Diseño Gráfico. Su sueño y anhelo era llegar a convertirse en una gran diseñadora. Al graduarse, consiguió trabajo en una empresa de comercialización visual, en la que trabajó por un corto tiempo; sin imaginar que dejaría todo aquello atrás para ir en búsqueda de lo que sería su destino.

Para esos tiempos, se vivía en su país una difícil situación política. Los militares se habían apoderado de los estamentos del Estado, y el país entero vivía un duro e inolvidable momento.

Familiares y amigos eran apresados, torturados y hasta ejecutados; se vivía la angustia y el miedo en todos los hogares. Incluso en muchas familias, hasta la escasez de recursos, alimentos y un trabajo digno.

Cuando Beca tenía tan solo diecinueve años, a finales de diciembre de aquel difícil año, se dio la histórica invasión estadounidense al pequeño país centroamericano; denominado militarmente como Operación Causa Justa.

Esta sería la última intervención unilateral de Estados Unidos en América Latina. Luego de este periodo, que duró cuarenta y dos días, fueron cerradas las bases militares, dejando solo operativo el comando sur estadounidense, y retirando casi todas las tropas y equipos militares del pequeño país.

Después de esta difícil coyuntura política, Beca conoció a Rob, un apuesto joven militar americano, quien el destino trajo a vivir y trabajar a su país.

A los meses se enamoraron y vivieron un hermoso e inolvidable noviazgo, lleno de respeto, honestidad, amor y consideración. Su relación duró un año, luego del cual decidieron unir para siempre sus vidas.

Al cumplir Beca sus veintitrés años, llegó la instrucción del gobierno de los Estados Unidos de que debían trasladarse a

Georgia; por lo que tuvo que partir con su esposo, dejando a su familia y amigos atrás.

Un año después nacería su primera hija. Por lo que estuvo bien ocupada cuidando a su pequeña. Y en los pocos tiempos libres que tenía, reconectaba con su pasión pintando óleos en canvas.

Beca recordaba que cuando recién había llegado a Estados Unidos, las personas pensaban que, porque era hispana, era una indocumentada sin educación, que estaba en búsqueda de la anhelada visa americana para cumplir sus sueños.

La imaginaban como una chica oportunista, que había aprovechado para salir de la pobreza y miseria de un país centroamericano. Ellos solían preguntarle si ella venía del campo. Nadie se imaginaba que era una joven estudiada, que poseía un título universitario y muy buenas costumbres. No sabían que ella conocía más que muchos de ellos, y conocía bastante bien el mundo.

La primera vez que experimentó el racismo y la discriminación fue en Georgia. El primer lugar en donde fue contratada, era una tienda de recuerdos. Los dueños eran unas hermanas de descendencia afroamericana, quienes le brindaron la oportunidad de trabajar; pero le enseñaron también el "racismo hacia los blancos y los hispanos".

Cuando los clientes llegaban, solían preguntarle muy frecuentemente, de dónde era. Ella con una sonrisa les decía: "soy de la República de Panamá". Y sin ningún tipo de tacto le preguntaban, "¿allí existe gente blanca?".

Y es que los locales tenían la errada percepción de que Panamá era un lugar repleto de mosquitos, donde abundaban la malaria y todo tipo de enfermedades, y que era solo habitada por indígenas.

Era en esos momentos en los que ella solía recordar el sabio consejo de su abuela que decía: "A los necios e ignorantes se les ignora. Por humilde que uno sea, debemos mantener la cabeza en alto y disimular la pena ajena que produce la ignorancia. No es de sabios perder tiempo valioso, en quien a uno no lo valora".

Años después, Rob fue reasignado a una base militar en Hawái; así pues, con la pequeña niña, se radicaron en este hermoso lugar por cinco años. El clima, las costumbres y la calidez de esa tierra, le recordaban su hogar materno; así pues, para ella fue un poco más fácil establecer su nuevo hogar en esta mágica isla. Hasta aprendió el baile tradicional del lugar, una vez que entendió que el hula es una danza utilizada para representar las letras de los cantos polinesios.

Ya cumplida la misión en este lugar, y siendo el cambio la constante en la vida de un militar, fueron nuevamente reubicados en Georgia; donde unos meses después de su retorno, nacería su segundo hijo.

Beca estuvo muy ocupada con la mudanza, la adecuación de su nuevo hogar y el cuidado de sus hijos; por los que, en esta ocasión, no volvió a trabajar para dedicarles tiempo y calidad de vida. Allí volvió a sentir el racismo y la discriminación en sus distintos sabores.

Pasaron algunos años, y los hijos crecían, cuando recibieron la noticia de que serían transferidos a Alaska. Así que empezó otra vez todo el proceso de empacar, embalar, enviar y trasladarse a su nuevo hogar.

A Alaska llegaron cuando Beca alcanzaba los treinta y tres años. En su nuevo hogar, los retos fueron otros más tenaces. Las dificultades fueron el invierno extremo, los días cortos de sol, el reto de manejar en la nieve y el hielo, o el evitar caerte. La vida fue más hogareña que nunca.

Las bajas temperaturas la obligaban a mantenerse encerrada en casa con los niños. Al cabo de un año, consiguió trabajo en un banco, por lo que tuvieron que tomar la decisión de dejar a los chicos en una guardería. A los pocos meses, inició todo el proceso de migración de tropas americanas hacia Irak para la Operación Nuevo Amanecer. Y Rob fue llamado para viajar al Medio Oriente. Con una inmensa tristeza, así como la gran preocupación y el miedo de no volver a verse, se despidieron una mañana Beca y Rob.

Con lágrimas en los ojos, le dijo ella dándole un beso en la frente que lo esperaría; le prometió cuidar de sus hijos y mantener siempre vivo en la mente de los chicos, el amor y el orgullo por el valeroso padre que se encontraba peleando por la paz, en algún lugar del mundo.

Lo único bueno que trajeron los largos años que duró la guerra de Irak, fue la unión de millones de personas, quienes por el tiempo que duró el conflicto bélico, dejaron de lado el racismo y la discriminación, para unirse en un solo propósito: cuidar de sus hogares, y orar por el regreso a casa de sus valientes familiares.

Durante este proceso, miles de vidas se perdieron. Y quienes con vida y salud regresaron, tuvieron que ser tratados por especialistas para evitar al máximo, los desórdenes mentales con los que muchos de ellos volvieron a casa, como resultado de estar cruentamente expuestos a una zona de guerra.

Beca vivió un año de angustia y de inmenso miedo. Pocas eran las veces que podía escuchar la voz de su esposo, o recibir alguna noticia o carta de él. Ella por su parte, le enviaba fotos de ella y de sus hijos, intentando con esto, mantener vivo el recuerdo en su corazón, de la bella familia que con amor le esperaba en casa. Esto fue lo que mantuvo ardiente y encendida la llama de fuego del retorno a casa para Rob.

Un año después, se encontraban Beca y sus dos hijos en el gimnasio de la base militar de Fort Richardson, esperando ver bajar del autobús que los transportaba desde el aeropuerto, al esposo y padre que tanto habían extrañado.

Finalmente, Beca vio aparecer la figura y el rostro del hombre que amaba. Rob se acercó, y lágrimas de felicidad rodaron por las mejillas de ambos, mientras los niños brincaban y saltaban en el regazo de su amoroso y extrañado padre. Pocos momentos podrán jamás reemplazar la inmensa alegría que producía en las familias, el reencuentro y la ilusión de la espera de ese momento. Mientras con tristeza, muchas otras familias, solo recibieron en la puerta de sus casas, la triste noticia del sensible fallecimiento de un valiente soldado muerto en acción, en el campo de batalla.

El tiempo pasó, y Rob decidió retirarse de su carrera militar, después de aquella dura e inolvidable experiencia. Y luego de un año se jubiló de las fuerzas armadas norteamericanas con honores. Allí empezó su vida de civil; entró a trabajar en una empresa petrolera en Alaska. Beca por su parte, se mantenía trabajando en el banco.

Recordaba cómo antes del episodio de la guerra, ella había decidido trabajar solo por uno o dos años. Pero la necesidad de mejorar la economía del hogar, y la lejanía de esposo en combate, la mantuvieron trabajando.

Y cuando finalmente pensó que ya no volvería a experimentar la discriminación, se dio cuenta de que independientemente del color, "la discriminación proviene de corazones de personas de todas las razas, culturas y religiones, y que no es solo asunto del color de la piel".

Habiendo sido transferida por sus méritos a la sucursal de Palmers en Wasilla. Allí encontró a otras muchachas del pueblo, quienes lo más probable, por envidia e inseguridad, empezaron a discriminarla, acosarla y a tratarla mal. Por bendición, el trabajo y sentido de responsabilidad de Beca hablaban por sí solos, y los conflictos terminaron prontamente para ella.

Como resultado de lo vivido, Beca entendió que todo dependía del grupo de personas con las que interactuaba. Se dio cuenta de que, por ejemplo, algunas que la maltrataban o miraban con desprecio, eran personas que provenían de pueblitos; y que seguramente por la ausencia de roce e interacción con otros, no conocían otra manera de tratar a quienes venían de culturas diferentes, pero quienes quizá al final también tenían como ellos, un corazón.

Luego de quince años en el banco y diecisiete en Alaska, Beca y Rob tomaron la decisión de migrar a un lugar de clima menos árido; así pues, vendieron la casa y se trasladaron a Arkansas. Le dolió dejar Alaska y sus bellas montañas y paisajes, así como la vida tranquila que allí encontró.

Y mientras Beca esperaba su vuelo en el aeropuerto, pudo rememorar cuánto le había costado salir adelante en ese país, pero, sobre todo, lo difícil que había sido ganarse el respeto, el aprecio y la consideración de sus jefes y compañeros de trabajo.

Aprendió a reservar los pensamientos más profundos, procurando ser cuidadosa al hablar, para no herir los sentimientos de otras personas. Entendió que, si la persona brinda apertura, y desea saber de ella, de sus costumbres y de su cultura, con mucho gusto le brindaría la calidez de un hispano. Pero lo más importante: "aprendió que el hogar está siempre, donde está tu corazón".

CAPÍTULO 5

Una mujer que vive jugando el juego de…
"todo va bien"

Comprendí que la felicidad
solo era posible encontrarla en mi interior.
Nicole

De pie, frente a la ventana, ante la vista impresionante de un mar en calma, sosteniendo una humeante taza de café, se encontraba Nicole, inmersa en sus pensamientos, recordando su pasado repleto de historias.

Provenía de una familia numerosa; sin embargo, de su núcleo familiar eran seis. Su padre, su madre y sus tres hermanas. Era la tercera de cuatro mujeres. Sus padres eran educadores retirados. Como tal, era posible imaginar la educación severa, así como los estrictos valores y principios morales bajo los cuales fueron criadas.

De sus progenitores podía decir que su padre siempre fue un hombre de un carácter muy fuerte, controlador y dominante; pero extrañamente, un hombre amoroso a la vez. Con esto era evidente que fue la figura dura y dominante en el hogar. Todas las decisiones eran tomadas por él; su madre solo fungía como intermediaria entre las indicaciones de su padre y los deseos de Nicole.

Su madre era una mujer en apariencia débil, pero en los momentos difíciles, lograba una fortaleza que era casi imposible describir. A la vez, era una persona muy nerviosa. Su estructura de personalidad era metódica; aspecto que marcó en gran medida la forma en la que Nicole fue educada. No es ni fue nunca una persona muy expresiva.

Hasta hace solo unos años, no podía recordar una sola vez que su madre le hubiese dicho que le amaba; sin embargo, su gestos y actitudes siempre lo demostraron. Al igual que su padre, su madre fue una mujer con un alto sentido de responsabilidad, así como de integridad y honestidad; principios que se arraigaron mucho en Nicole.

La relación con sus hermanas fue y ha sido siempre bastante buena. Aunque como hermanas, eventualmente tenían sus diferencias, siempre lograban comunicarse y subsanar cualquier malentendido. Aún hoy día siguen siendo muy unidas.

El aspecto económico en el hogar, considerando que eran cuatro bocas que alimentar, fue en muchos momentos crítico. Casi nunca había dinero para actividades de esparcimiento.

Mirando Nicole a través de la ventana podía recordar tal

cual si fuera hoy cómo siempre le tocaba heredar ropa y zapatos de sus hermanas mayores; que cuando llegaban a sus manos, era obvio que estaban bastante gastados.

De igual forma, ocurría con los libros escolares, pues siempre le tocaban los usados por sus hermanas, e incluso hasta por sus primos. Muy pocas fueron las veces que pudo tener un libro nuevo. En ocasiones, los zapatos escolares del año terminado, debían ser pulidos para usarlos nuevamente el siguiente año.

Su vida de estudiante transcurría como el de una chica normal. A pesar de profesar la fe católica, fue educada en una escuela metodista. Así pues, aprendió a interactuar y respetar las múltiples religiones.

Al cumplir quince años, no hubo fiesta, no hubo viaje ni hubo anillo como tanto anhelan las quinceañeras. El no poder tener algo que las chicas de esa edad anhelan, fue algo muy difícil de entender a esa edad.

Independientemente de todas estas circunstancias, sentía que su infancia había sido muy feliz. Recordaba cómo aun con tantas limitaciones, sus padres siempre hacían un esfuerzo casi cada verano para llevarlas unos días al interior de aquel país a vacacionar. Esas vacaciones serían sin duda, algunos de los mejores recuerdos de su vida.

En el colegio siempre fue una estudiante muy tranquila. El ser hija de profesores la obligaba a mantener un estricto código de comportamiento, muy metódico y formal. Se llevaba bien con sus compañeros, y era muy respetuosa y cariñosa, tanto con sus amigos, como con todos sus profesores.

Lo mismo ocurría con sus amigos del barrio, los cuales eran muy pocos, considerando que sus padres eran muy selectivos para aprobar a las personas con las que podía interactuar y compartir; asumía que era por el natural temor de sus padres a que alguien pudiera hacerles algún daño.

Al llegar a la universidad, escogió una carrera equivocada. Una carrera con la cual, a través de los años, pudo darse cuenta de que no se identificaba. Y al cuestionarse el porqué de su error, encontró una respuesta que le ayudó más adelante en su vida: "la palabra tiene poder".

Y recordó cómo su hermana siendo muy joven, le dijo que ella nunca podría estudiar una carrera que involucrara la lógica, porque ella carecía de este atributo. Y su subconsciente así lo asimiló. Por lo que estudió una carrera de finanzas; dejando de lado, aquello que realmente la apasionaba.

Podía recordar con claridad dos hechos de su padre, los cuales marcaron su vida para siempre. El primero, durante su infancia y adolescencia, era cómo su padre abusaba del alcohol. Recordaba cómo cada viernes llegaba a la casa pasada la medianoche, sin haber avisado a su madre que llegaría tarde.

Entretanto, ella lo esperaba con una mezcla de angustia y disgusto, muchas veces con la cena preparada, y él no llegaba ni a probarla. Todo esto a ella la hería increíblemente. Es además de imaginar, el comportamiento que acompañaba a un borracho que llega tambaleándose a casa, con olor a licor y sin pensamientos coherentes.

Algunas veces su padre llegaba amoroso; otras un tanto agresivo e impresionantemente hiriente; con Nicole en particular. Nunca podría olvidar cómo una madrugada, tendría ella unos nueve años, al llegar su padre borracho, su madre lo esperaba muy molesta y empezó a reclamarle.

Ella observaba escondida a través de una rendija en la escalera y pudo ver claramente cómo su padre tiraba a su madre de los cabellos y la obligaba a callarse; solo alcanzó a ver a su madre sollozar.

Ver esto, hizo que, en su inocencia de niña, ella sintiera hacia su padre un miedo terrible, que se hacía presente cada vez con más fuerza; cada que tenía que dirigirse a él, así fuese para pedir algo o solicitarle algún permiso.

El segundo hecho que Nicole recuerda, fue cuando ella tenía veinte años, su padre llegó a la casa ebrio y empezó a reclamarle que ella no hubiese terminado todavía la universidad; aunque para ese entonces, él sabía que ella trabajaba y estudiaba. En el momento en que empezó a reclamar, Nicole trató de justificarle los motivos que la detenían; pero lo único que provocó fue aumentar su ira. Fue entonces cuando su padre le gritó muy duramente frente a su madre y su hermana, que ella era la peor porquería de su vida.

Estas palabras que, aún a veces llegan a su mente, por mucho tiempo la hirieron e hicieron pensar que con cada cosa que hacía, ella debía demostrarle a su padre que ella SÍ tenía un valor.

Al recordar estos dos hechos que la marcaron, pudo darse cuenta de que desde niña se acostumbró de una u otra forma a jugar el juego de "todo está bien". Pues después que ocurrían estos episodios con su padre y el alcohol, toda la familia pretendía que allí no había pasado nada. Fingían que las palabras y acciones no las habían herido o afectado; aunque en el fondo fuera, sin darse cuenta, creando un profundo resentimiento.

Lo que no internalizaba para ese entonces, es que simplemente actuaba de esa forma como un mecanismo de pasar desapercibida, y de ese modo sentirse segura y a salvo.

Entre todas estas circunstancias, fue creciendo también bajo la percepción negativa de que ella siempre estaba y estaría en segundo lugar, y de que, cuando se trataba de ella, todo siempre podía esperar.

Aprendió a aceptarlo así; a pensar que era normal y que eso estaba bien. Con el tiempo comprendió que, sin querer, esto había sido un golpe constante a su autoestima y a su seguridad personal. Por eso, siempre sentía que, aunque todo el mundo la percibía como una persona muy segura de sí misma, en el fondo era solo una pantalla que escondía a un ser totalmente inmaduro e inseguro, de muy poco valor. Sin darse cuenta de que, "al no valorarse, rechazarse y anularse como ser humano, seguía jugando el juego de 'todo está bien'"; para todos, menos para ella.

Nicole se casó con el primer hombre de su vida, con el que compartió quince años de noviazgo y matrimonio. Y del cual un buen día internalizó que se había unido en matrimonio, tristemente, no por amor, sino por cariño y agradecimiento; pero, sobre todo, por salir de su casa paterna en búsqueda de libertad.

Cuando decidió unirse a su esposo, ella esperaba que el cariño que sentían, al momento de tomar la decisión de unir sus vidas, durara para siempre. Esperaba que con el pasar de los años, su esposo se convirtiera en su mejor amigo y confidente.

Pero todo esto se quedó solo en sueños y deseos. Con el pasar del tiempo y al ir madurando, se dio cuenta del error que había cometido; sin embargo, ya estaba en ese barco y debía seguir remando hacia un matrimonio exitoso, y siguió jugando el juego.

Pero con cada día que pasaba, el abismo entre ambos se hacía cada vez mayor. Y la actitud de su entonces esposo, tampoco ayudaba. Constantemente recibía del él agresiones verbales muy duras; a tal punto que las discusiones llegaban a niveles inimaginables. Por otra parte, su constante desinterés hacia su matrimonio y con la familia, aunada a la enorme sensación de abandono, fueron haciendo que su actitud hacia su esposo cambiara totalmente; hasta llegar a la rabia y el hastío.

Nicole se tornó impaciente, impositiva, dominante, poco cariñosa y en ocasiones, hasta grosera. Simplemente dejó de importarle todo lo que para ella había sido valioso hasta ese momento; todo lo que ella sabía que era vital e imprescindible para cualquier relación. Sentía que ella se había quedado sola halando la carreta de ese matrimonio y la carga se tornó muy pesada.

Hoy día, mirando ese mar en calma, concluyó que su cambio de actitud fue su mecanismo de defensa para esconder el dolor que llevaba por dentro; esa terrible sensación de abandono. La amarga sensación de desilusión, aburrimiento, vacío y soledad, que se había apoderado de su vida.

Hacia el final de su matrimonio, y luego de tres momentos de crisis en los últimos dos años, el destino le tendría preparada una oportunidad para volar. Su trabajo la obligó a viajar a Guatemala por nueve meses para abrir una filial.

Este proceso fue particularmente traumático, por tener que dejar a su hijo de tan solo cuatro años. Estando lejos, sentía que extrañaba terriblemente a su pequeño; pero francamente tenía que hacer un esfuerzo sobrehumano para llamar a su entonces esposo cada dos o tres días, para disimular el poco interés que, para ese momento, ya su existencia despertaba en ella.

Durante esos nueve meses fuera de su país, tuvo la paz, la libertad y la tranquilidad que no había tenido en los últimos años, de poder llegar a su habitación del hotel y acostarse en su propia cama, sin ser forzada a satisfacer los deseos sexuales de su entonces esposo.

Mientras su cuerpo y su mente se recuperaban en Guatemala de esa sensación de hastío y cansancio, a distancia tomó la primera decisión madura de su vida: regresar, divorciarse y darse la oportunidad de ser feliz.

En ese momento, miles de miedos la asaltaron; particularmente el miedo a la soledad. Pero a ese punto, tenía que decidir entre él o ella. Entre satisfacer el pensamiento de una sociedad que juzga y piensa que el matrimonio es para toda la vida; pensamiento que ella sigue compartiendo, "si encuentras a la persona indicada. O bien, hacer un alto en la vida y decidir seguir el camino sola".

En ese momento, por primera vez en su vida, decidió valorarse. Decidió volver a vivir, devolverse la vida y la alegría que no había encontrado; recuperarse y seguir adelante con su pequeño príncipe. "Descubrí que la única forma en que podía ser soporte, tranquilidad y remanso para mi hogar, era procurando nuevamente mi tranquilidad, y mi paz mental y emocional".

Al cumplir sus treinta años, Nicole decidió tomar las riendas de su vida, y tomó la primera decisión madura de su existencia: aceptar que no era feliz y divorciarse. Así pues, en el año 2000, se divorció del primer hombre en su vida.

Durante el primer año, después de la separación, vivió una

etapa bastante extraña para ella. Muchos procesos se dieron en su interior. La primera etapa, fue de ensimismamiento. Sentía que estaba en todos lados y no era parte de nada. No se permitía pertenecer a nadie. Se sentía sola y triste. Y no lograba sacar de su cabeza el sentimiento de culpabilidad al sentir que, de algún modo, le había destruido la vida a otra persona; tampoco lograba ignorar el enorme vacío que sentía y que, luego se dio cuenta de que solo podía ser llenado por Dios, a través de ella misma.

Durante el segundo año, trabajó en superar lo ocurrido y en tomar el control de su vida; "en buscar una felicidad que comprendí, solo era posible encontrar en mi interior".

El tiempo fue pasando, y con cada día, ella sentía que se recuperaba; y en el proceso, descubría un mundo de cosas nuevas. Empezó a frecuentar otros círculos y conoció a muchas personas interesantes. En ese proceso de redescubrimiento, conoció a un hombre que la fue conquistando de a poquito. Con detalles, con gestos, con llamadas y cafés mañaneros; poco a poco se fue convirtiendo en su confidente y su amigo.

Luego de dos años iniciaron una relación, y producto de ella, nació una hermosa niña que vino a alegrar la vida de todos en la casa. Y con la llegada de su hija, descubrió una historia de mentiras y marañas; de las que ella sin saber, había formado parte.

A partir de este momento, Nicole empezó a experimentar un dolor jamás vivido. Primero pasó por un proceso de cruda negación, hasta finalmente aceptar que había estado viviendo una vida llena de artimañas. Y luego de comprobar que todo era cierto, con el corazón partido y sus esperanzas rotas, terminó es relación; donde no solo perdió a su pareja, sino también a quien había considerado hasta ese momento, su mejor amigo.

Los meses siguientes a este evento, fueron de tristeza y desolación. Se sentía sola, afligida, vacía y llena de dolor; en una posición desde donde no entendía qué cosa tan mala había hecho, que Dios no le regalaba la dicha de ser feliz con el hombre que ella había llegado a amar, y en quien había llegado ciegamente a confiar.

Pocos días después, fue invitada a un grupo de apoyo, y a partir de ese día, su vida cambió. Se reunían semanalmente y compartían sus historias, sus experiencias, penas y alegrías. Nicole pudo darse cuenta de que muchas personas en el mundo podían vivenciar peores cosas que las que ella había vivido. Y entendió que en ella estaba, y de ella dependía, volver a ser feliz.

Entonces, se produjo un cambio en su interior. Sintió paz, tranquilidad, y una extraña sensación de satisfacción de saber que estaba ocurriendo algo importante en su vida. De darse cuenta de que Dios nunca la había abandonado; que no estaba sola porque Dios estaba y siempre estuvo con ella; así como todas las personas que la amaban.

Descubrió también que fue ella, en su ceguera y en su mundanidad, así como en su alejamiento de su caminar espiritual, quien no había visto que, en sus peores momentos, una fuerza superior siempre estuvo a su lado. "Comprendí también que, para Dios, yo soy un ser único, importante y especial. Que soy un gran tesoro".

Ese momento marcó el nuevo norte de su vida y le enseñó a Nicole el camino a seguir. Un camino de autodescubrimiento. De explorar en su interior y definir su esencia.

Y desde entonces, procura escuchar su voz interior. Se valora y quiere cada día más, reconociendo que ella es la obra más magnífica por Dios creada. Intenta cada día pertenecer a todas las personas que la rodean, y les brinda a otros el amor que ha florecido en su corazón.

El crear conciencia del juego que jugó toda su vida y que aprendió desde niña, le permite hoy sentirse contenta por haber descubierto que reste es el primer paso hacia el verdadero cambio. Ahora tiene la certeza de que está en el camino de convertirse en mejor persona y en un mejor ser humano.

"El aceptarme a mí misma, me permite hoy día ayudar a muchas mujeres que atraviesan por valles de oscuridad. Mujeres de luz que no encuentran el camino, y que siguen repitiendo cada día, como lo hice yo, los errores del pasado".

Nicole descubrió que una pieza importante de todo este rompecabezas de la vida, era el "perdonar a las personas que nos han dañado en el pasado, consciente o inconscientemente". En los últimos años, ha dedicado tiempo y energía a acercarse sin ningún tipo de resentimiento a las personas que en su momento la dañaron, y a decirles con total honestidad que las perdona.

Este proceso fue particularmente importante para sanar las heridas producidas en su niñez por la actitud de su padre; así como por el silencio de su madre, y la intencionada actitud de reserva de quienes estuvieron alrededor, viendo el sufrimiento de una familia, sin tener la valentía de intervenir para procurar ayudar.

En la búsqueda de perdonar para sanar su corazón, resultó especialmente hermoso el encuentro que tuvo con su padre y con su madre, treinta años después de todo lo ocurrido. Sentir el valor de expresar a sus padres cuánto daño le hizo lo vivenciado, y poder descubrir el bien que le produjo a ellos esta reunión sin rencores y con mucha sinceridad.

Viendo su taza ya vacía, Nicole visualizó cómo se dio todo, aquella tarde, junto a sus padres. Era una tarde calurosa, y sus padres tomaban café sentados en su terraza; sin imaginar la hermosa experiencia que estaban por vivir.

Nicole llegó y los saludó con su forma afectuosa y juguetona. Y mientras disfrutaban del café, ella reunió el valor para decirles a sus padres: "me gustaría hablar con ustedes, de algo que es muy importante para mí, y que me ayudará a sanar heridas profundas del pasado". Ellos se miraron uno al otro, y asintieron en silencio con la cabeza.

Y ella empezó a relatar todas las vivencias de su niñez, así como todo lo que había observado. Recordó los problemas de su padre y el alcohol, y todo el maltrato del que su madre había sobrevivido. De inmediato, ocurrió algo que ninguno de los tres se esperó.

Su padre dijo, "yo no habría podido jamás hacerle daño a tu madre. Ella es lo más valioso en mi vida, y la amo con todo mi corazón". Simplemente, el licor hizo tanto daño, que él no lo recordaba. En ese momento, volvió su mirada hacia su madre y buscando sus ojos le dijo: "dime por favor que esto no es cierto. Dime que todo esto que está diciendo es producto de su imaginación de niña".

Su madre lo miró largamente, y le dijo en una voz muy baja, "Nicole ha dicho la verdad". Inmediatamente el padre de Nicole perdió el color, y lágrimas brotaron de sus ojos, rodando por sus mejillas. Trataba de buscar en su mente, y no encontraba una respuesta; sin embargo, su esposa acababa de confesar por primera vez, que había sido maltratada por el hombre que había sido su compañero por los últimos cincuenta años.

Y en ese momento, ocurrió algo que permanecerá marcado

en la mente de todos. Su padre tomó las manos de su madre, las besó largamente y dijo lentamente: "me faltará vida para resarcir todo el daño que te he hecho. Pero te prometo frente a tu hija, que viviré para ti, el resto de mi vida, procurando hacerte feliz cada día. Eres la mujer que ha caminado a mi lado por tantos años, y toleró con amor, todos mis desamores. De ahora en adelante, te prometo amor y entrega sin límites".

Y mientras ellos seguían con las manos entrelazadas, Nicole se fue lenta y calladamente, dejando solos a los enamorados; inmersos solamente en los hermosos recuerdos, y en las promesas de un amor bonito.

A partir de ese momento, el amor de sus padres fue cada vez más visible, y permeó a toda la familia. Y cada domingo, se escuchaban dentro de aquella casa, risas de niños y adultos, disfrutando un delicioso almuerzo preparado por su madre para toda la familia, como símbolo de unión, de paz y de amor.

De esta experiencia, Nicole aprendió la inmensa lección del poder de perdonar; de exteriorizar con palabras los sentimientos que inundan el alma. Tanto los buenos, pero, sobre todo, los que hacen daño.

Hoy, Nicole no solo se siente dichosa por todas las cosas bellas que cada día ocurren en su vida, sino también porque hace poco menos de un año, después de pedir a Dios con todas las fuerzas de su corazón que le mandara un compañero al que pudiera entregarse y amar incondicionalmente, y con quien pudiera llegar a las mecedoras de viejitos, finalmente fue bendecida una vez más; y ese mes de diciembre, su regalo de Navidad fue un esposo.

El hombre que ella, con tanta fe había pedido. Un hombre con hermosos sentimientos, de una increíble sensibilidad y con el corazón más grande y bello que jamás hubiese ella conocido. Como toda pareja, y dado que no tuvieron mucho tiempo para conocerse, han tenido sus tropiezos, y aún están cumpliendo algunas etapas que sin querer se saltaron; pero se aman y cada día deciden hacer que su matrimonio funcione.

"Ser feliz, es una decisión personal".

CAPÍTULO 6

Una mujer que pierde a su esposo
y debe superar el duelo

Con el tiempo, el dolor se desvanece para dar paso a un manantial de los más bellos recuerdos de vida.
Pilar

Pilar era una chica que irradiaba alegría y tenía una sonrisa sin igual, con la cual cautivaba a todos los que la conocían.

Había sido criada en una escuela de monjas, donde se cultivaban principios y valores, y se enseñaba el modo adecuado de comportarse de una dama.

Su educación escolar se vio muy bien complementada en casa, por la educación y personalidad de sus padres.

Provenía de una familia cálida, donde su padre irradiaba permanente alegría, y su madre mostraba mucha comprensión durante el crecimiento de Pilar y su hermano.

A pesar de que su padre tenía un porte imponente y de respeto, era un hombre muy accesible y agradable; particularmente con sus hijos.

Su madre era de personalidad reservada. Era muy difícil identificar sus sentimientos y pensamientos, aunque no dejaba de percibirse como una persona amable, cariñosa, muy querida y respetada por todos.

Sus progenitores trabajaban muy duro en la semana. Su padre era economista. De día trabajaba en el Ministerio de Hacienda; y de noche, gracias a su potente voz, trabajaba dictando los números de bingo en un casino.

La madre a su vez trabajaba en la administración de un grupo de teatros; y de noche, apoyaba en los teatros de la localidad.

A pesar de las largas jornadas de trabajo que laboraban los padres en la semana, los viernes y sábados eran reservados para ellos, para salir a divertirse como pareja. Y es que ambos tenían una pasión que compartían, que era el baile.

Cuando los padres no se encontraban en casa, los chicos quedaban al cuidado de una tía. Eran jóvenes muy tranquilos.

Pilar y su hermano no tuvieron una relación cercana, hasta muchos años después, en donde por causa del destino, estrecharían sus lazos de hermandad.

Su adolescencia fue de mucha alegría. Sus padres confiaban en los valores inculcados a Pilar, por lo que, en lugar de preocuparse, se alegraban cuando ella les solicitaba permiso para ir, por ejemplo, a un sarao de la escuela a bailar; y es que el baile y la música corrían en su interior, como corría la sangre por sus venas.

Para los años en los que se graduaba del colegio, ya formaba parte del coro de su iglesia, en donde animaba la misa con su melodiosa y vibrante voz; siendo una de las principales y más queridas voces de esta agrupación. También era parte del grupo juvenil de la parroquia, en donde conocería y cultivaría amigos que le acompañarían en todas las etapas de su vida.

Al graduarse de su alma máter, decidió estudiar finanzas; por lo que se matriculó en la universidad católica de su país. En la facultad se hizo de compañeros y amigos, y fue donde conoció también a un chico con quien compartió hermosos momentos; pero con quien la vida no le permitió conformar una familia, producto de los destinos que, en ocasiones, son marcados desde su nacimiento por algunas religiones y creencias.

A sus veinticinco años, Pilar trabajaba en un banco local, y ante el florecer de su juventud, se había convertido en una chica carismática y sociable. Tenía una carrera profesional prominente, y participaba en diferentes círculos sociales; así como en diversos grupos artísticos. Y de repente, empezó a experimentar dolores físicos, por lo que fue tratada por múltiples especialistas de la salud; sin que los resultados arrojarán algún indicativo de lo que ella experimentaba. Esto la llevó a un estado de depresión y tristeza, que no tenía ningún tipo de explicación lógica.

Tratando de encontrar algún sentido a lo que experimentaba, empezó a asistir a una iglesia en donde se vivenciaban actos de sanación mental y emocional.

Una noche, en una actividad en el templo, Pilar sintió un mareo y fue socorrida por un apuesto joven. Esa noche, Pilar tuvo una de las bendiciones más grandes: conocer al hombre más maravillo de su vida. Con el tiempo y el cariño de este joven, Pilar fue paulatinamente siendo sanada por la mayor medicina que un ser humano puede recibir: el amor.

Marlon era un hombre sencillo, honesto, emprendedor y divertido. Había llegado a la ciudad, lleno de ilusiones y con muchos deseos de salir adelante.

Contaba con un exquisito y único oído musical; cualidad principal que los unió y los fue envolviendo en un mundo de coros y agrupaciones de la iglesia.

A la edad de treinta y dos años, sufriría la primera pérdida afectiva de su vida. Producto de una enfermedad, perdió a su padre. En ese momento, su madre quedó al cuidado de ella y su hermano; quien, desde su personalidad reservada y callada, aceptó la noticia de la partida de su amado esposo con resignación y una aparente tranquilidad.

A partir de este momento, y producto de la situación, empezó a desarrollarse una hermosa relación entre Pilar y su hermano, quien era dos años mayor. Siendo una familia pequeña, entendieron que eran ellos lo único amado que le quedaba a su madre; por lo que juntos procuraron acompañar y cuidar de la noble dama, así como encargarse de cubrir todas sus necesidades.

Con la compañía de Marlon, Pilar logró superar este difícil impacto. Y dos años después, unieron sus vidas en santo matrimonio.

Por asuntos que a veces la existencia y la naturaleza no nos permite entender, la vida no les permitió tener hijos. Pero el inmenso amor que se profesaban, en donde Dios estaba como testigo, les permitió seguir adelante con fe y amor caminando juntos el camino de la vida.

Marlon era un hombre de casa, que siempre procuró hacerla sentir una mujer extremadamente amada. Con los años y la convivencia, no solo se convirtió en su amigo, sino también en su compañero, consejero, guardaespaldas, cocinero, y hasta acudiente. Y es que su personalidad y su sencillez, permitían desarrollar en él, un sinnúmero de cualidades; las que difícilmente podrían terminarse alguna vez de enumerar.

Como todo un caballero, procuraba lucir elegante en todo momento, así como combinado y a la moda; pues como siempre le manifestaba a Pilar, quería que ella se sintiera orgullosa de él.

Siempre fue un hijo y hermano ejemplar. Amaba su tierra y a su gente; y cuando ganaba un dinero de más, no dudaba en agarrar su automóvil y viajar lleno de alegría, a compartir el fruto de sus logros con su familia.

Como trabajador, era incansable, luchador, con muchas aspiraciones, y sin temor a nada. Desempeñaba su trabajo con pasión, siempre pensando en cómo alcanzar sus metas y lograrlas. Su mente no se detenía jamás. Era muy difícil encontrar un defecto o calificativo negativo en este joven emprendedor, a quien muchos admiraban.

Marlon era un apasionado de las comidas interioranas y, cada vez que podían, disfrutaban de deliciosas viandas típicas repletas de lechona, hojaldres, torrejitas y tortillas; deleite que poco a poco y sin querer, fue dañando severamente su salud.

A inicios de un año muy difícil para un pequeño país y

para todo el mundo, en el que todos luchaban contra una grave pandemia mundial, Marlon también enfrentaba serios problemas de salud. Además de haber desarrollado un cuadro de diabetes muy agresivo, que le provocaba complicaciones en la circulación y profundos dolores, comenzó a tener problemas con su corazón.

Cada día que pasaba, su cuadro médico se tornaba más difícil, Marlon se mantenía luchando como un gran guerrero. Y, a pesar de todo, nunca faltó una hermosa sonrisa o una palabra plagada de cariño para su amada esposa Pilar, quien se mantenía todo el tiempo a su lado, acompañando a su amado Marlon.

Parecía increíble cómo a pesar de todo lo que enfrentaba, siempre mantuvo una gran paz y confianza en Dios. Y en sus últimos meses de vida, Marlon le daría a Pilar una gran lección, en cada momento de crisis, cuando ella le preguntaba a Dios ¿por qué?, su querido y valiente esposo le respondía: "no preguntes el porqué. Debe ser que Dios sabe que yo puedo cargar esta cruz".

Y Marlon la cargó con gallardía hasta el día en que, finalmente se desvaneció su ya débil y dulce mirada, en un suspiro.

Luego de luchar contra tantas complicaciones en su salud, y después de tan largas y difíciles semanas en varios hospitales, bajo el cuidado de múltiples médicos y enfermeras, donde su dedicada esposa lo visitaba de día y de noche para hacerle sentir siempre su presencia y su amor, a su débil humanidad le había sido imposible vencer a un enemigo muy temible para toda la población durante ese año.

Algunos días después, rumbo hacia la que sería "la última parada del camino" para Marlon, en el bello pueblo que le había dado a su compañero la vida, Pilar recordaba, junto a los dos grandes amigos que la acompañaban, todas las historias y momentos de alegría que había vivido con su esposo.

Rememoraban anécdotas y casi se podía sentir como si Marlon estuviese vivo entre ellos, contando historias y haciéndoles reír a cada momento.

Pilar se despidió de su querida alma gemela, y retornó a su vida, pero nunca sola, sino en lo venidero, en compañía de todos los amigos de una vida, con quienes, de allí en lo sucesivo, volvería a construir nuevas e inolvidables historias para todos.

"Con el tiempo, el dolor y la sensación de tristeza se fueron desvaneciendo, dando paso a un manantial de los más bellos recuerdos de vida, vividos junto a mi querido esposo y amigo".

Y de allí en adelante, Pilar volvería a pronunciar el nombre de Marlon, ya no con pena y pesar producto de su partida, sino iluminada de una cálida sensación de paz, tranquilidad, y de la más profunda alegría, la cual le permitiría volver a brindar a todos los que la rodeaban cada día, la más dulce y alegre de las sonrisas; así como el privilegio de su compañía y su amistad.

CAPÍTULO 7

El sentimiento incondicional que puede entregar una mujer cuando ama

Una guía y luz para los jóvenes podría mantener viva la llama de la transformación de Ian.
Xóchitl

Xóchitl era una joven mujer, quien, en compañía de sus hermanas, había crecido bajo el único amparo de una madre.

Desde adolescente trabajó para pagarse sus estudios y apoyar a su madre y, en especial, a sus hermanas menores. A la muy temprana edad de diecisiete años perdió a su madre, luego de un largo periodo de enfermedad, y recién graduada de bachiller, tuvo que empezar a trabajar.

Poco tiempo después, conoció a un hombre mayor que ella, luego de unos meses, contrajeron matrimonio, lo que le procuró todo, menos una buena vida.

Una característica que prevalecía en ese hogar, y era un símbolo muy marcado en su país, era el arraigado machismo, el cual, en muchas ocasiones, venía acompañado de maltrato.

Dada la ausencia de un padre en su núcleo familiar, y no teniendo claro el rol de una figura masculina en el hogar, Xóchitl asumía que aspectos como la imposición y el maltrato, eran comportamientos característicos de una figura paterna. Por lo que, aprendió a aceptar esta conducta, como lo normal en una vida rutinaria de pareja.

Iban pasando los años, y la vida transcurría en un ambiente donde cada día se hacía más difícil respirar. Su esposo trabajaba administrando un bar; así que, con mucha frecuencia llegaba a casa con algunas copas de más, acompañando las palabras con insultos que la herían profundamente.

A la mañana siguiente, nuevamente se mostraba como un hombre cariñoso y halagador, y Xóchitl, en su afán de sentir el afecto y el amor de un hombre, ignoraba los episodios de maltrato vividos durante esas noches.

Y es que la cultura propia del lugar, "exaltaba la creencia errada de que el hombre era superior a la mujer"; por ende, tenía más permisibilidad para el libertinaje. Particularmente, en lo relativo a la posibilidad de tener vida sentimental con varias mujeres, a pesar de tener un matrimonio formalmente constituido.

Pocos años después, Xóchitl se llenó de valor y a pesar del miedo que le producía, se atrevió a proponerle el divorcio.

Su preocupación se convirtió en alivio, cuando su esposo aceptó sin mayor resistencia su propuesta.

Con el pasar de los días, se enteró en el círculo de su supuesto grupo de amigas, que otra mujer esperaba un hijo de su esposo. Entonces, comprendió la facilidad con la que él había aceptado y asimilado la separación.

La naturaleza en su sabiduría, no le brindó a Xóchitl la posibilidad de ser madre; pero tuvo la oportunidad de experimentar la maternidad al lado de los hijos de su hermana.

Luego del divorcio, empezó a dedicarles tiempo a sus sobrinos, y a cuidar de ellos. Incluso después se convirtió en mamá sustituta de los chicos. Un niño de ocho años, una pequeña de cinco y un niño de tres años.

No solo los cuidaba mientras su mamá trabajaba, sino que también se convirtió en su acudiente en la escuela, en su representante en el médico; y en los demás aspectos, en su total compañía. Es que, a través de esos niños, ella procuraba dejar en el pasado, todas las amargas experiencias vividas.

Dos años después, Xóchitl se encontraba escogiendo un libro en una librería cuando de repente, escuchó su nombre. La voz le pareció familiar, y al darse la vuelta, se encontró con unos profundos y sinceros ojos que ella antaño conocía.

Había encontrado a su primer novio de juventud. Un hombre que siempre la había tratado con respeto, cariño y profunda consideración. Eduardo se había casado, y era padre amoroso de tres hijos. Tomaron un café, recordaron anécdotas vividas juntos, y luego de dos horas, se despidieron prometiendo volver a encontrarse para tomar otro café.

A pesar de que Xóchitl procuraba mantener la distancia emocional con Eduardo, el atento caballero la trataba con mucha delicadeza; la llenaba de detalles, y procuraba todo tipo de gestos, tanto a ella, como a sus amados sobrinos. En especial, a Ian; el sobrino predilecto de Xóchitl, y por quien ella tenía una marcada debilidad.

Con el tiempo, y a pesar de que Eduardo mantenía su vida familiar con su esposa e hijos, había iniciado paralelamente una relación formal con Xóchitl. Por lo que, al salir del trabajo, como la cosa más normal, Eduardo llegaba al apartamento de Xóchitl, cocinaba, ayudaba a Ian en algunos deberes escolares, compartían juntos; y después de las ocho, se dirigía a hacer vida de hogar con su verdadera familia.

Para Xóchitl estaba claro que ella era la segunda opción de Eduardo, y a pesar de eso, se sentía acompañada y protegida; experimentando lo más cercano a una vida en familia.

A su manera, Eduardo fue apoyando a Xóchitl en la crianza de Ian; pues la madre del muchacho se había enfocado en sus hijos más pequeños, dejando casi ensu totalidad la crianza de Ian en las manos de su hermana Xóchitl.

Años más tarde, Xóchitl recibió una terrible noticia de Eduardo, poco después de haber cenado juntos, él le confesó que se había realizado algunos exámenes médicos, y que había sido diagnosticado con cáncer.

Xóchitl no supo cómo reaccionar, y de repente empezó a llorar amargamente. Eduardo le dijo que debía iniciar lo antes posible la quimioterapia, pues el cáncer, que estaba radicado en el páncreas, se había desarrollado muy rápidamente y de una manera muy invasiva. Le dijo además que, durante el tiempo que durara este proceso, tendrían que dejar de verse. Lo que Eduardo no podía saber es que tres meses después, su enfermedad había hecho metástasis, y se encontraría muy grave en el hospital. Como resultado del tratamiento con morfina, entre su confusión y alteraciones, Eduardo le pedía a su hermano que buscara a Xóchitl, pues deseaba verla una vez más, y despedirse de la que había sido, el gran amor de su vida.

Cuidadosamente, en secreto, y con la ayuda de su médico y amigo, organizaron el encuentro en una hora en que la familia no podía estar presente. Y Xóchitl y Eduardo se despidieron. Al día siguiente, Eduardo estaba entregando su alma al Creador.

Pasaron los años, Xóchitl refugiaba el recuerdo de la partida de Eduardo, en el cuidado de su sobrino Ian, quien ya para ese entonces alcanzaba los diez años.

Ian fue creciendo, y en la adolescencia, de ser un niño dulce y atento, que incluso acompañaba a su tía a trabajar, se volvió un chico hermético y callado. Esto debió ser para Xóchitl el primer indicio de que algo no andaba bien, pero ella, en su amor de tía, no pudo ver la realidad, y después ignoró todas las alertas que con el tiempo atormentarían su vida. Su sobrino se había involucrado en malos pasos. Se había dejado embaucar por una pandilla que tenía fama de ser muy peligrosa.

Una tarde, Ian tuvo un duro choque con el jefe de la pandilla, quien había acabado con la vida de nos menos de cien personas en el barrio. Y en defensa propia, le procuró varios disparos al líder de la pandilla, provocándole la muerte inmediata. Ian fue capturado por la policía, y unos meses después, a pesar de ser menor de edad, había sido declarado culpable de homicidio.

Estuvo en la cárcel por tres largos e interminables años, los cuales para Xóchitl resultaron un verdadero calvario. No entendía cómo su joven sobrino, con una vida plena por delante, había quedado envuelto en este problema.

Durante ese tiempo, Xóchitl fue cada semana a visitar a Ian, quien, para ese entonces, ya no era considerado por ella como un sobrino, sino como su propio hijo.

Durante este tiempo, y habiendo sido su sobrino aislado por protección dentro del recinto, Xóchitl fue testigo de la transformación espiritual y personal de Ian. En la cárcel, había estado al cuidado de un pastor de la iglesia, quien también pagaba una condena; le había enseñado a Ian que la vida podía ser diferente. Y que, si se comportaba bien, podría salir en pocos años, y retomar el buen camino hacia una vida honesta y prometedora.

A los veintiún años, Ian había sido liberado por buena conducta, y había sufrido una transformación; convirtiéndose de corazón, en un muchacho muy apegado a un caminar espiritual que le brindaba alegría, paz, y le procuraría una nueva vida.

Dos meses después de su reinserción en la sociedad, una mañana Ian bajaba por las escaleras del apartamento donde compartía con su familia, para ir en busca de pan recién horneado para llevar a sus hermanos. Sin que nadie pudiera imaginar que minutos después, se encontraría acribillado en el suelo, rodeado de un charco de sangre; sin vida. Le habían cobrado la vida del pandillero, a quien él había matado en defensa propia.

Xóchitl recibió devastada la noticia de la pérdida de su hijo querido, quien había vuelto a renacer en la fe, pero que, por la crueldad de los seres humanos se habían cerrado para siempre sus ojos.

Con el pasar de los años, y a pesar de que difícilmente una madre se recupera de la pérdida de un hijo, Xóchitl dedicó su vida a ayudar a chicos que se encuentran en entornos difíciles, rodeados de peligro y perdición; siendo guía y luz para muchos.

Decidió que solo de esta manera, podría mantener viva la llama de la transformación que su sobrino Ian había experimentado, antes de que su vida le fuera cruel y tempranamente arrebatada, apoyando a otros chicos a conseguir sus metas y anhelos más profundos.

CAPÍTULO 8

Una historia de amor
que trasciende el tiempo

*Soy capaz de regalarme cinco minutos de felicidad a su lado,
por años lejos de él.*
Isabel

Isabel lo conoció cuando ella tenía trece años y Dante tan solo catorce. Ambos provenían de familias con una marcada educación, y una impecable formación religiosa.

Dante era hijo del director del colegio, al cual los dos asistían; por lo que todos lo identificaban así. En ocasiones, se encontraban por los pasillos del colegio y tímidamente cruzaban una fugaz mirada.

Isabel era miembro de la estudiantina del colegio, mientras el chico tocaba en la banda de música; por lo que, coincidían en todos los eventos musicales que organizaba el colegio.

Ese año fueron presentados por la prima de Isabel, quien cursaba clases con el chico. Y luego de múltiples conversaciones en los recreos, así como de esperarla cada mañana en la entrada, para escoltarla hasta su salón cargando sus libros, hacia finales de ese año, Dante se llenó de valor para pedirle muy respetuosamente que fuera su novia. Un noviazgo lleno de ingenuidad y nobleza que, a su corta edad, no pasaba de palabras, tomadas de mano y complicidad en las sonrisas.

Y es que este amor de juventud debía mantenerse oculto para los padres de ambos. Isabel era una niña criada en el seno de un hogar de estrictas costumbres, donde su madre siempre le recordaba que, "la mujer del César no solo debía ser, sino parecer"; por lo que reforzaba mucho en su adecuado comportamiento y en cómo se conducía en todo momento.

Ese diciembre, se despidieron en el último día de clases, pues el padre de Dante había sido transferido a un colegio en Buenos Aires. Sin embargo, él, su hermano y su madre pudieron participar de las actividades de verano que la escuela mantenía; así pues, pudieron verse una vez por semana, de manera muy discreta ese verano.

Dos meses después, se despedían, prometiendo escribirse. Para ese entonces, ambos compartían un amigo en común llamado Antonio, quien por todo el siguiente año fue paloma mensajera para la entrega de las cartas que Isabel y Dante en secreto se escribían.

El tiempo fue pasando, e Isabel se iba convirtiendo en una hermosa y dulce señorita. Dante por su parte, había crecido tornándose en un agradable y educado joven. Cada uno vivía en su mundo; sin embargo, las cartas dejaron de llegar, para uno y para el otro. Ambos estaban inmersos en vivir junto a sus compañeros y amigos, la tan difícil adolescencia en sus países. Pero en la mente de ambos, se mantenían los tiernos recuerdos vividos.

Hacia finales del año, en que Dante se graduaría de bachiller en un instituto en Buenos Aires, le pidió a su padre de regalo de graduación, que le permitiera viajar a la ceremonia de fin de cursos de los amigos de infancia, con los cuales compartió diez años de su vida en aquel país centroamericano.

Su padre hizo todos los preparativos, y para ese mes de diciembre, Dante retornó para asistir al acto de graduación de sus compañeros en el país que lo había visto crecer.

Sin que Isabel lo supiera, el padre del chico era amigo personal de sus tíos, y acordaron recibirlo en su casa. Cuál sería la sorpresa de ella cuando fue a saludar a sus abuelos, quienes vivían en la casa contigua, y se encontró a su tía, acompañada del chico argentino que ella había dejado atrás en su memoria, hacía tres años.

Dante pasó la Navidad y el Año Nuevo con la familia de Isabel en casa de sus abuelos. Provenía de una familia pequeña, su padre, su madre y hermano. Por lo que, para él resultó una experiencia inolvidable pasar estas fiestas navideñas con esta enorme familia, en donde prevalecían las buenas costumbres, se cultivaban las tradiciones y había comida de sobra, así como los deliciosos y tradicionales dulces de Navidad, y gestos de aprecio y generosidad.

Dante pudo disfrutar de la calidez de una familia donde lo que abundaban eran los buenos sentimientos, la alegría, la esperanza, el cariño y el amor; así como de ver a Isabel.

Llegó enero, y con el mes, el verano y el calor típico de esa tierra, que él tanto había extrañado. Isabel fue premiada por su escuela con un trabajo de verano, por lo que, al iniciar el mes, empezó a trabajar en un banco abriendo cuentas de ahorro. Dante la buscaba todas las tardes para acompañarla en el bus hasta la casa de la chica. Y a veces terminaban el paseo compartiendo un helado.

Cuando terminaba el verano, Dante tuvo que regresar a Buenos Aires, y se despidieron en el aeropuerto donde Isabel había acompañado a sus tíos a despedirle. Los siguientes meses, iban y venían cartas de ambos para mantenerse en contacto. Se contaban las historias de su diario vivir.

Unos meses después, Isabel recibió una carta de Dante donde le contaba que había asistido a un concierto de Sting, y terminaba contándole que había conocido a una chica muy agradable, y que la había tomado por novia.

Isabel se encontraba en su último año de bachillerato y recibió esa noticia con tristeza. Sin embargo, se encontraba enfocada en sus estudios, así como en asegurarse de asistir a su tan anhelado baile de graduación.

Los años pasaron, catorce para ser exactos. Ambos habían hecho su vida, y para ese entonces, ella habiendo terminado su carrera, trabajaba en una empresa de telecomunicaciones. Su jefe le informó que, por trabajo, debía viajar a Buenos Aires, Argentina, a tomar un curso.

Y fue allí donde Isabel intentó contactar a Dante. Luego de algunos esfuerzos, logró conseguir su correo electrónico y decidió escribirle para decirle que próximamente estaría visitando Buenos Aires.

Empezaron a escribirse nuevamente. Ambos tenían ya edad y madurez. Rememoraron por meses sus recuerdos de ese querer de adolescentes. Así pues, cuando ella viajó, Dante, que vivía en otra provincia, decidió viajar a Buenos Aires a reencontrarse con ella.

Llegó el tan esperado día en el que el avión de Isabel aterrizó en el aeropuerto de Ezeiza, en Buenos Aires. Había sido un vuelo sumamente largo, pero lleno de ilusiones. Una y otra vez Isabel se repetía, "soy capaz de regalarme cinco minutos de felicidad a su lado, por años lejos de él".

Al llegar al hotel, llamó al número que Dante le había enviado, y su voz contestó del otro lado de la línea. Escuchaba su voz por primera vez en tantos años.

Acordaron verse en la calle Florida, en donde se encontraba el Hotel Claridge, en el que ella se hospedaba. Isabel se dirigió a la calle, para ver a Dante a la hora acordada. Ella estaba ya en la acera esperando el cambio de luz para avanzar, cuando su mirada se cruzó con unos ojos negros que la observaron profunda y largamente desde el otro lado, era Dante. Y cuando la luz se puso en verde, ambos avanzaron y se abrazaron largamente en la mitad de la calle, mientras otros transeúntes pasaban a su lado. Se acercaron a una cafetería y conversaron de sus respectivos viajes hacia Buenos Aires.

Ese fue el inicio de una semana de magia e ilusiones. sEn el día, Isabel asistía a su curso. Y por las noches, Dante la llevaba a conocer todos los hermosos lugares de Buenos Aires; muchas veces, hasta acariciar los primeros rayos del sol, a través de la fría brisa de la mañana.

Una semana después, se despedían en la estación de autobuses. Dante regresaba a su provincia, e Isabel viajaría de vuelta a su país al atardecer del siguiente día. La llamó al llegar a su provincia, y tal fue la tristeza y el llanto de

Isabel, que él decidió retornar en el siguiente bus para pasar las últimas horas con ella; y ser él quien entonces la acompañara al aeropuerto y se despidiera de ella. Solo dos amantes saben el profundo dolor que produce una despedida sin saber cuándo volverán a verse.

A partir de ese momento, cada año, Dante procuraba llamar a Isabel a la medianoche de la celebración de Año Nuevo, para desearle un feliz año, y recordarle que ella siempre sería el gran amor de su vida. Sin importar dónde se encontraran, Isabel siempre lo esperaba; y Dante siempre cumplía su promesa y la llamaba.

Cuando Isabel cumplió cuarenta años, tuvo que viajar nuevamente a Buenos Aires para asistir a una conferencia. Y una vez más le avisó a Dante que estaría allá por una semana.

Dante se había mudado de provincia, y ahora se encontraba a catorce horas en autobús de su amor de adolescentes. Pero la distancia nunca lo detuvo; y ahora, tampoco lo detendría. Así que, coordinaron nuevamente, y a la mañana siguiente de llegar Isabel a Buenos Aires, el conserje anunciaba la llegada de Dante a la recepción del hotel.

Volvieron a vivir los hermosos recuerdos del pasado por cuatro días. Caminando por todas las calles de Buenos Aires, visitando museos, teatros, recorriendo Recoleta. Y nuevamente llegado el domingo, se despidieron. Esta vez hubo lágrimas, pero manejaron con la madurez de los años, la tristeza y el dolor.

Siete años después, luego de la muerte del padre de Dante, producto de una larga enfermedad, decidieron encontrarse en un lugar neutral para ambos. Así que, decidieron encontrarse en la hermosa, Santiago de Chile. Desde la ventana de la habitación que Isabel había rentado, vio acercarse a Dante, esta vez caminando más lentamente, apoyado en un bastón.

Evidentemente los años iban pasando, y hacían efectos sobre ellos. Recorrieron lentamente las calles de Santiago, sosteniendo largas conversaciones. Visitando lugares emblemáticos; actividad que siempre habían disfrutado realizar juntos. Visitaron el Palacio de la Moneda, algunos museos, y compartieron platos exquisitos de comida curiosamente peruana; para días después, volver a despedirse, con la esperanza de pronto reencontrarse en algún espacio. En algún lugar.

Y es que, ese era el destino que la vida había deparado para ellos. Una vida por separado, para cada cierto tiempo reencontrarse como el primer día.

Ambos habían atravesado por momentos muy difíciles en sus vidas, y a pesar de la distancia, la constancia era una característica que siempre los acompañó, y que, había trascendido de un hermoso amor, manteniendo una bella e inigualable amistad. Sabían que no importaba lo que ocurriera, uno siempre podría contar con el otro.

Una noche, Isabel entró a su red social, y encontró un mensaje de Dante donde decía que había sido un día muy triste para su familia. Su único hermano había sufrido un accidente cerebrovascular muy severo el domingo en la madrugada, del cual no se pudo recuperar. La familia estaba devastada. Isabel no sabía cómo localizar a Dante; sentía que necesitaba apoyarle.

Por días le escribió, y solo le respondía el silencio. Isabel sabía que Dante estaba sufriendo, y ella se sentía impotente de no poder apoyarle. Varios meses pasarían hasta que Isabel recibió un mensaje de Dante agradeciendo todo el tiempo que estuvo pendiente de él, y del dolor por el que atravesó su familia; en especial su madre, ante tan irreparable y repentina partida.

Isabel entendió que "no existe ni tiempo ni distancia que no se pueda vencer, cuando la dicha y el deseo de ser parte de la vida de alguien son reales. Aprendió también que el verdadero amor sí existe, y que lo puede todo. Que vale la pena luchar por mantenerlo vivo".

Meses después, recibió un hermoso mensaje de cumpleaños. Era de Dante. Un mensaje donde él le decía que se le hacía muy difícil olvidarla. Le recordaba cuántas cosas habían vivido de alguna forma juntos, a la distancia, y en cercanía. De manera muy tierna, sensible y cierta.

Le recordaba también que a pesar de que, con el pasar de los años, al ir envejeciendo, algunas cosas se olvidan. Y concluía que hay otras tantas que son parte de nosotros y están muy aferradas en nuestro más profundo ser. Que no se despegan fácilmente. Y así como eso, él no la olvidaba ni la olvidaría jamás.

Eran casi las doce de la noche de Año Nuevo. Isabel se encontraba en la sala de su casa, acompañada de sus hijos, a punto de tomar una copa de champaña; cuando de repente, sonó su teléfono.

Ella solo sonreía. Sabía muy bien de quién era esa llamada; de su cómplice de toda una vida. De un amor secreto. De la única persona que en su existencia había representado la constancia, la tranquilidad y la estabilidad; la alegría, la ilusión, la tristeza, la esperanza y el amor. Sí. Era Dante. Siempre con su saludo gentil y jovial, preguntaba por los chicos, por sus padres, hermanas, tíos y familia.

Y es que, ella sabía que mientras él respirara, y ella existiera, siempre llegaría esa llamada que cada Año Nuevo se hizo presente los últimos veintitrés años, y quién sabe cuántos más que estarían por venir.

Ellos serían por siempre la historia de una voluntad inquebrantable; ejemplo de constancia y verdadero deseo de pertenecer a la otra persona. La historia de un amor que trascendería el tiempo. Que se haría realidad en esta, o en cualquier otra vida.

CAPÍTULO 9

Una mujer con el anhelo
de encontrar la felicidad

Sentada en una hermosa playa repleta de conchas nacaradas, arrullada por el sonido del mar y escuchando las olas romper en la arena, se encontraba Lena, sumergida en sus más profundos y secretos recuerdos.

Su mente la remontó a su niñez. Vivía con sus abuelos en una pequeña, pero pintoresca ciudad, rodeada de personas que la amaban. Era una chica muy juguetona que solía con una sonrisa, ganarse a primera vista el corazón de todo el que la conocía; por lo que, desde muy niña, conoció el amor puro y verdadero.

Siendo muy pequeña, el velero donde viajaban sus padres había desaparecido durante una tempestad. Y desde ese entonces, su vida giraba en torno a sus abuelos, quienes incondicionalmente decidieron cuidar a su nieta. Una pequeña de rizos de sol, y ojos profundos como el mar.

Lena fue creciendo con la esperanza de que algún día sus padres regresarían. Pero con el tiempo, ese sueño recurrente en su vida se fue desvaneciendo.

Durante sus años primeros, Lena asistía a una escuela de monjas que se encontraba cerca de casa; en donde le enseñaron el amor a Dios, y la educaron bajo las más rigurosas reglas de comportamiento inculcándole una rígida moral.

Fue creciendo hasta convertirse en una hermosa y dulce señorita. Los rizos habían desaparecido, dando paso a un largo y sedoso cabello dorado que le daba un marco sofisticado a su rostro. Para ese entonces, cursaba los últimos años de bachillerato y ya pensaba en la carrera que deseaba cursar.

Sus abuelos, siempre habían sido su guía, su motivo de orgullo y de felicidad. El abuelo se dedicaba a la construcción de veleros. Salía muy temprano cada mañana, no sin antes darle un beso en la frente a su hermosa nieta, quien se había convertido en el reflejo vivo de la hija que el mar se había llevado.

La abuela era una mujer menuda, con largas trenzas de plata. Dedicaba sus días a la confección de deliciosos pasteles, los cuales eran solicitados por las familias más prestigiosas que habitaban en esa hermosa ciudad. Por las tardes, cuando

Lena salía del colegio, solía ayudar a su abuela en su faena; lo que le permitió adquirir los conocimientos para realizar esta exquisita tarea.

Al atardecer, realizaba sus asignaciones escolares, para poder salir una hora a conversar antes de la cena, con los amigos que había cultivado desde su infancia. Se encontraban y contaban anécdotas de situaciones que habían vivido durante el día, y de las cosas que harían cuando cumplieran la mayoría de edad.

Así, una tarde, conoció a su primer amor. Se trataba de un chico llamado Dean, que venía por un intercambio escolar de un año a casa de unos tíos. Vivía en la casa de la esquina en la misma calle que Lena. Él no hablaba español, y ella hablaba solo un poco de inglés; pero a pesar de las limitaciones del idioma, lograban comunicarse.

Dean se acercaba a casa de Lena, después de la cena, con el permiso de sus abuelos, para sumergirse en largas e interminables conversaciones, que terminaban con la voz de la tía de Dean, llamándole para que regresara a casa.

De ese modo transcurrieron algunos meses, y una tarde de un catorce de febrero, Dean le propuso a Lena que fuera su novia, y ella en secreto aceptó. Era un noviazgo que permanecía en el más clandestino anonimato, dado que los abuelos de Lena, consideraban que era muy joven para experimentar incluso un sano amor de adolescentes. Solo tenía permitido tener amigos.

Hacia finales de aquel año, luego de terminado el curso escolar, Dean habló con sus padres para que le permitieran quedarse durante el verano; así logró prolongar un par de meses el tiempo que compartía con Lena. Escuchaban música juntos, y se divertían bailando. Dean solía relatarle a Lena, cómo era la vida en su ciudad en los Estados Unidos, diciéndole que algún día la llevaría a conocer a su familia, sus amigos, y su vida.

Terminó el verano, y se despidieron con un largo abrazo y un pequeño beso, procurando no ser vistos por los abuelos de Lena. Se prometieron escribirse y mantenerse comunicados. Por algunos meses, ambos recibían con ansias una carta del otro; Lena, muy disimuladamente, les preguntaba a los tíos de Dean cuando los encontraba en la calle, si tenían noticias de su sobrino.

Pero con el pasar de los meses, y la distancia, el destino los separó por muchos años. Lena retornó al colegio, así como a sus actividades habituales, sin jamás olvidar esos meses que compartió con su querido Dean.

Cursaba el último año de bachillerato, y analizó cuidadosamente la carrera que deseaba estudiar. No resultó un proceso fácil, pero descubrió su verdadera profesión.

Había decidido ser doctora. Así pues, al año siguiente, se registró para hacer los exámenes de la facultad. Estudió todo el verano, y para el mes de abril, ya estaba lista para presentarse a las convocatorias. Era una chica inteligente y muy curiosa, y aplicada para el estudio. Y a pesar de que entrar a la facultad de Medicina era muy demandante, aprobó sus exámenes y fue aceptada.

La noche que recibió la noticia, sus abuelos realizaron una celebración en su honor, con amigos y parientes. Hubo mucha música, alegría y camaradería. Cuando ya estaban todos reunidos, el abuelo pidió la palabra, y brindó por el éxito de su nieta; sin dejar de imaginar, lo emocionados y orgullosos que podrían haberse sentido sus padres, frente a esta noticia.

Era increíble que después de tantos años, parecía que la

tierra se había tragado a su hija y a su yerno. Solo habían encontrado destrozado el velero contra unas enormes rocas, y no había rastros de ellos.

Eran una pareja que se complementaba mutuamente. Ambos habían estudiado juntos en la facultad de Derecho, y hasta se habían graduado en la misma promoción.

Recordaba el abuelo, que su hija Laura trabajaba en una multinacional, y su esposo tenía un pequeño bufete de abogados desde donde se manejaban negocios a muy alto nivel. Financieramente, habían crecido lo suficiente desde muy jóvenes para tener una vida agradable y sin preocupaciones.

El sueño de ambos había sido recorrer el mundo en su velero. Así pues, se dedicaron a ahorrar por algún tiempo, hasta que lograron reunir un monto considerable como para asegurar que no afrontarían problemas durante sel recorrido.

Un tintineo de una copa, devolvió al abuelo de lo más profundo de sus recuerdos. Y todos brindaron por el éxito de la futura doctora.

Los primeros meses en la facultad fueron muy intensos. Acoplarse al ritmo de las clases, y a los mecanismos de estudio no fue fácil. Afortunadamente, Lena había adquirido durante su adolescencia, ciertas técnicas de estudio, así como de condensación y asimilación que le facilitaba el manejo y análisis de grandes volúmenes de información; pudiendo extraer de las diversas materias los aspectos más relevantes para desarrollar la carrera que había elegido.

Se reunía y estudiaba en grupos, lo cual le permitía interpretar la medicina desde diversos ángulos y puntos de vista, enriqueciendo sus conocimientos.

Terminado el primer año de Medicina, conoció a un compañero de la facultad con quien de inmediato se identificó. Tenían los mismos gustos y provenían de familias que arraigaban sólidos principios y valores familiares. A inicios del segundo año, ya eran novios.

Juntos se apoyaban académica y moralmente, y así avanzaron los siguientes años de la carrera. En el camino, iban quedando amigos y conocidos que no llegaban a manejar el estrés que generaban los estudios. Otros compañeros iban perdiendo semestres y quedando atrás, pero ellos avanzaban a paso firme.

Llegaron con mucho mérito al quinto año, y ya se preparaban para la graduación de la carrera. Una noche, mientras cenaban, Luis le propuso matrimonio y ella feliz, aceptó. Entonces, además de prepararse para la tan esperada ceremonia de graduación, hacían todos los preparativos para su boda.

La noche de su ceremonia de graduación como médicos, Luis se comprometió con Lena frente a familiares y amigos. Y justo un año después, mientras evaluaban las alternativas de especialidad de carrera a seguir, se casaron en una hermosa ceremonia.

El siguiente año transcurrió sin mayores preocupaciones. Ellos adaptándose a su vida de casados, y a la vez, preparándose para iniciar los estudios en su especialidad. Luis escogió neumología, y Lena, pediatría. A pesar de que vivían juntos, generalmente su vida se movía por separado, pues sus especialidades tenían rumbos distintos.

Luis consiguió terminar su especialidad en Monterrey, mientras que Lena se mantuvo en su amada tierra. Tiempo después, y a tan solo unas semanas de la partida de Luis a México, Lena descubrió una gran noticia: estaba embarazada de su primer hijo. Así pues, de inmediato levantó el teléfono y compartió con su esposo la feliz noticia.

Transcurrían los meses, y Lena tenía las manos llenas entre los estudios y los preparativos para la llegada del bebé. Sus abuelos, luego de la gran noticia, y sabiendo que su nieta estaba sola, decidieron mudarse una temporada con ella, hasta el nacimiento del bebé.

Cuatro meses después, Lena estaba dando a luz un hermoso niño de cabellos negros y ojos grises. Era grande y fuerte, y le dieron por nombre Lucas. Meses después de su nacimiento, Luis pudo regresar a Panamá a conocer a su hijo, quien ya se lucía haciendo todo tipo de maniobras para llamar la atención de sus padres. En ese momento, los bisabuelos maternos, regresaron a su hogar.

Lucas fue creciendo, entre el amor de ambos padres. Lena, ya había terminado la especialidad y era pediatra; así pues, quién mejor para cuidar a su hijo que ella misma. A los once meses, Lucas empezó a dar sus primeros pasos, y a los catorce meses, mordía todo lo que encontraba a su paso.

Las demandantes carreras de Luis y Lena los fueron envolviendo, y generaron un abismo entre ellos. Ya no compartían tantas cosas, ni se encontraban para cenar; cada uno jugaba con su hijo por su lado. Era como si de la nada, vivieran vidas separadas.

Entonces, empezó a notarse cada vez más la ausencia de Luis en casa; cuando Lena le llamaba, el celular lo tenía apagado. Meses después, Lena se enteró por un colega del hospital, quien la respetaba y apreciaba mucho, que Luis tenía una relación con una doctora con la que trabajaba.

Ella no supo cómo reaccionar ante esta noticia, pero cuando llegó Luis a casa, decidió enfrentarlo. Y le preguntó abiertamente que si él tenía una relación con la joven doctora. Luis no tuvo el valor de negarlo, y en ese momento, le pidió a Lena el divorcio.

Lena pensó que solo se sentía atraído hacia la doctora, pero nunca se imaginó que lo que creía un matrimonio sólido, se desmoronaba ante sus ojos. Esa misma noche, Luis se fue de la casa y Lena se quedó sola con su hijo Lucas. Para este momento, ya Lucas contaba con cuatro años, y pronto entraría a preescolar.

Lena contrató a una señora recomendada por su abuela, quien se dedicó a cuidar de Lucas, mientras su madre trabajaba. Luego del divorcio, llegaron al acuerdo de que, Luis buscaría a Lucas dos fines de semana al mes, para convivir con el pequeño.

Lena utilizaba esos fines de semana, donde Luis estaba con Lucas, para hacer cosas diferentes. A veces iba sola al cine a ver una película, o en ocasiones se reunía con algunas amigas a tomar un café. Otras veces solo se quedaba en casa relajándose, y tomando una copa de vino.

Los años fueron pasando y Lena cada vez se enfocaba más en su trabajo. Empezó a tomar cursos para aprender nuevas habilidades. Intentó relajación energética para activar los chakras, meditación guiada y hasta yoga. Intentaba buscar alternativas para mantener su mente y sus emociones controladas; pero no podía evitar sentirse sola. Algo faltaba en su vida. Tal vez el amor; pero, había quedado tan mal herida, que levantó barreras a su alrededor.

A veces, sus amigas le presentaban uno que otro pretendiente, pero ella se encargaba rápidamente de espantarlos. No quería saber más de aquello llamado matrimonio.

Un tiempo después, Lena conoció a Roberto. Un hombre

que, a pesar de no ser físicamente un modelo, y era muy distante de ser atractivo, la hacía sonreír. La llenaba de piropos, y le mandaba flores sin ningún motivo. Ella lo evadía casi siempre, y no le aceptaba ni un café. Hasta que, un día, sin darse cuenta, le dio una oportunidad.

A partir de ese momento, Lena y Roberto fueron desarrollando por dos años un fuerte vínculo de amistad, sin que existiera ningún tipo de compromiso. Eran solo amigos. Pero con el tiempo, llegó a convertirse en su amigo y confidente.

El tiempo pasó, y Lena observaba que Roberto era muy amable y consentidor con Lucas. Estaba muy pendiente de madre e hijo. Los llevaba a comer, o llevaba comida a casa, y en ocasiones iban al cine, o salían de paseo.

Con el tiempo, Lena pudo darse cuenta de que los sentimientos de Roberto por ella, habían evolucionado hacia un profundo y sincero amor. Para ese entonces, Roberto no le era indiferente, y se sentía cómoda a su lado. Por lo que, un tiempo después, Lena permitió que la amistad alcanzara otros niveles; iniciaron una relación sentimental.

Todo parecía perfecto. Lena no había ahondado en el hecho de que Roberto se estaba divorciando. Él le decía que todo iba viento en popa; ella no se preocupó de averiguar, porque creía en su honestidad. Incluso Roberto vivía solo en un apartamento que había rentado, justo al lado de su oficina.

Lena lo visitaba por las mañanas antes de ir al trabajo, y le preparaba el desayuno. Cada uno iba para su trabajo, y en las tardes, se encontraban en el apartamento para cenar juntos, y compartir las noticias del día. A donde iba Lena, Roberto siempre la acompañaba.

Por eso Lena no pudo darse cuenta de que, ella era parte

de una farsa sin precedentes. Roberto seguía casado, y ella no lo sabía. Cuando empezaron siendo amigos años atrás, Lena sabía que él se estaba separando de su esposa. Lena entendía, por lo que Roberto le había confiado, que él estaba en "un matrimonio de vitrina" como muchos, y que había salido de casa con la intención de divorciarse.

Lo que Lena desconocía es que Roberto había regresado a la casa con su esposa y su hijo después de una pelea con ella, y que Roberto ya solo utilizaba el apartamento para mantener la farsa del hombre separado que inicia una nueva relación.

La vida seguía su curso, Lena llegaba por las mañanas y encontraba a Roberto en el apartamento. Y pasaba por las tardes, después de salir del hospital, y encontraba a Roberto cocinando en el apartamento. El problema entre ellos parecía haberse solucionado, y seguían en forma habitual con su relación.

Ante los ojos de Lena, y frente a los ojos de todos, todo parecía indicar que vivía solo en el apartamento, y que el proceso de divorcio iba viento en popa. Salían juntos, iban a actividades juntos como pareja, y disfrutaban de fines de semana juntos en distintos lugares del país; incluso hacían como familia, viajes internacionales.

Así transcurrieron cinco meses hasta que, una noche, por casualidad, y después de preguntarse por qué Roberto no había podido asistir a un evento al que irían juntos, Lena decidió pasar por el apartamento pasadas las once de la noche. Estacionó fuera del apartamento y le pareció extraño no ver el carro de Roberto, y el lugar en total oscuridad.

Entonces, tuvo un mal presentimiento. Manejó su auto dejando que el volante la llevara al destino que ella necesita descubrir. De repente, se vio estacionada frente a la casa de la esposa de Roberto, y allí estaba el carro de Roberto estacionado, y las luces apagadas. Una forma muy cruda y dolorosa de darse cuenta de que, el hombre que ella había decidido amar, seguía viviendo en el hogar de su esposa e hijo.

Lena llegó a duras penas, presa del impacto a su casa. Y decidió que, a la mañana siguiente, lo enfrentaría. Llegó muy temprano al apartamento, antes de que Roberto estacionara, y lo vio aparcarse; con el pan debajo del brazo, y una mochila al hombro.

En ese momento lo enfrentó. Le dijo que lo había descubierto, y Roberto no pudo más que aceptar la verdad. Ante esta confesión, Lena decidió terminar con esta relación. Pero a los días, Roberto la convenció de que le diera una oportunidad para salir de la casa, y concretar el divorcio.

Efectivamente, dos meses después, Roberto había salido de su casa conyugal, nuevamente. Sin embargo, como siempre, insistía en que no podía accionar tan rápidamente lo del divorcio; que el abogado recomendaba esperar. Y una vez más, para evitar un conflicto entre ellos, Lena lo aceptó.

Trascurridos algunos meses, Lena se enteró de una noticia que llegaría a cambiar para siempre el curso de sus vidas. Producto del amor que ambos se profesaban, o eso creía ella, esperaban una hija.

La primera impresión de Lena fue terrible; sobre todo, porque al decírselo a Roberto, la reacción de él fue de negación total. En lugar de alegrarse, dejó que el pánico se apoderara de él, y a los meses, se regresó a la casa con la esposa y el hijo.

Es posible imaginar lo que Lena afrontó y vivió, a partir de ese momento. Decidió aceptar la voluntad de Dios, y contra viento y marea, aceptó tener a su hija, sola. Casi tan duro como el abandono del hombre que amaba, fue el tener que comunicar a sus abuelos que estaba embarazada, y confesarle a su hijo Lucas, que tendría una hermanita.

Poco a poco fue comunicando a familiares y amigos la llegada de su niña. Siempre teniendo sque explicar, por qué tenía que enfrentar esta situación sola; aguantando muchas veces las miradas inquisitivas, y algunas, hasta de burla, pena o de lástima. O por lo menos, así lo sentía y lo veía Lena.

Los primeros meses de su embarazo los pasó prácticamente sola. Sentía que su vida era cada día un infierno. Sentía dolor, ira, impotencia, vacío y una infinita tristeza. Muchas veces se quedó dormida, habiendo llorado hasta el cansancio. Simplemente, no entendía. Y cuestionaba a Dios y le decía: "por qué, si permitiste que yo amase a ese hombre, y nos regalaste la dicha de tener una hija fruto del supuesto amor, por qué permitiste que yo pasara por todo eso sola".

Ya casi cuando el embarazado estaba a término, Roberto regresó una mañana. Se arrodilló, se abrazó a su vientre maduro, lloró como un niño, y le pidió perdón. Le dijo a Lena que ni un solo día había dejado de amarla. Y una vez más, Lena creyó en él. Y retomaron su relación.

Pero esta vez, él no salió del hogar matrimonial que tenía con su esposa como Lena esperaba; siempre argumentando lo mismo: "dame la oportunidad de hacer las cosas paso a paso y con cuidado Lena. Déjame acompañar a mi hijo un par de años más, o recuerda que mi hijo está enfermo".

Estas y otras eran siempre las excusas. Y Lena, equivocadamente, mirando siempre a Roberto con ojos de mujer enamorada, las aceptaba y ante otros hasta lo excusaba. Los abuelos de Lena miraban a su nieta con mucha tristeza y dolor. No entendían cómo ella no podía darse cuenta de que ese hombre estaba jugando con ella; y ahora, su pobre nieta tendría que criar a sus hijos sola.

Ellos tomaron una vez más la decisión de apoyarla. La amaban y habían hecho una promesa de cuidarla en ausencia de sus padres, en las buenas, y en las malas. Así fuera que su nieta se estuviera equivocando. Si ellos tenían que aceptar la presencia de Roberto, ante las actuales condiciones, lo harían para que su nieta fuera feliz.

Y así lo hicieron. Cuando nació la hermosa niña, pequeñita y frágil, allí estaban los abuelos, su hermano Lucas y Roberto. Pero ese era un Roberto totalmente desconocido para Lena. Frío y distante, y a pesar de estar ella convaleciente, podía reconocer en su mirada la manipulación y la falta de compromiso con su nueva hija.

Con el nacimiento de la pequeña princesa, Lena inconscientemente cayó en el juego de pretender que todo estaba bien. A pensar que todo era normal. A aceptar las migajas de tiempo y de amor que quedaban para ella. A callar todo lo que le producía dolor. Se tragaba cada noche la tristeza de ver a Roberto partir. De dejarla a ella y a sus hijos, e irse de donde creía tener un hogar, para que se fuera a su casa, con su esposa e hijo.

Y así, día con día, se pasaron seis largos y dolorosos años. En donde Lena vivió de a ratos, y de pequeños momentos de alegría, seguidos de muchos momentos de aflicción, frustración y soledad. Donde Lena pidió un lugar que nunca recibió. Porque "todavía no era el momento". Y ese día y ese momento no llegaron jamás.

Envuelta en tristeza, pena y dolor, Lena decidió buscar ayuda. Se acercó a una fundación para recibir orientación y poder dejar atrás tan lamentable situación. A escondidas empezó el proceso; justo el día en que Lena completaba su programa de recuperación, por una situación que ni vale la pena mencionar, Roberto terminó la relación con ella.

En otro momento, hubiese sido totalmente devastadora la noticia para Lena. Pero sucedió todo lo contrario. Porque a partir de ese momento, ella descubrió que "nada, ni nadie, valían más que su propia felicidad".

Con los meses, dejó el dolor atrás. Se levantó y empezó a vivir para ella y para sus hijos. Continuó estudiando y consiguió en el hospital una posición de jefatura en la sala de pediatría. Era respetada y amada por su familia, sus colegas y amigos. Y el amor de sus hijos, así como verlos crecer, fue su mejor regalo.

Una mañana despertó, y se dijo a sí misma: "yo puedo y debo dejar un legado de lucha y superación a tantas mujeres que son maltratadas, engañadas, y golpeadas en su amor propio, y en su dignidad". Así como mandar un mensaje a tantos hombres que abusan del amor y la ingenuidad de las mujeres para engañarlas; que faltan el respeto a sus hogares, buscando llenar vacíos fuera de ellos, cuando tienen una mujer en casa que los espera, los respeta, los quiere y los valora.

"Hermosa mujer que vives una situación similar, no permitas que te rompan el corazón en mil pedazos. Eres valiosa para todos los que realmente te aman; especialmente para el Dios que te creó. Siempre es posible encontrar la paz, la tranquilidad, y el amor, que te permiten llegar a ser feliz. Mujer, no vuelvas a buscar lejos de ti aquello que llevas dentro. Valórate y ámate por lo que eres. Y cuando necesites recuperar tu esencia, imagina el sonido de las olas en el mar, y solo busca en tu interior".

CAPÍTULO 10

Una mujer que vive cada día con la intensidad del último

Hoy me encuentro mejor que nunca;
estoy en paz, y soy realmente dichosa y feliz.
Sol

Mi nombre es Sol de Luna. Pero todos me llaman simplemente Sol.

Provengo de una familia pequeña. Mi padre, mi madre y mi hermano. Mi niñez fúe muy alegre. Mi madre era una persona amorosa, quien en todo momento estaba pendiente de mi vida y mis necesidades. Sin embargo, le tocó estar mucho más pendiente de mi hermano, producto de su discapacidad.

Por mi parte, yo tenía una relación muy hermosa con mi dulce hermano menor. A pesar de su discapacidad, su permanente alegría llenaba de risas cada día nuestro hogar. Él era el centro de nuestra familia, y la verdad, nunca me sentí desplazada; por el contrario, sentí la presencia de mi hermano como una bendición de Dios.

De niña, disfrutaba mucho la compañía de mis queridas amigas y compañeras de clase, con quienes compartía a través de la vida, grandes e inolvidables momentos.

Al cumplir los trece años, recibí la noticia de la separación de mis progenitores. Mi padre había decidido separarse de mi madre, pues al parecer, formaría otra familia. Este fue un golpe muy difícil para mí; no puedo imaginar lo particularmente doloroso que fue para mi madre. Sentir que tenía una vida establecida, y de repente, tu compañero decidía seguir la vida sin tu presencia a su lado.

Fui testigo entonces del sufrimiento de mi madre ante su partida; así como del enorme sacrificio que ella hacía cada día, trabajando para pagar mis estudios, y a la vez, cuidar de mi hermano. Esto fue creando en mi interior, un profundo resentimiento hacia mi padre; sentimiento que me acompañaría toda la vida.

A pesar de todo, siento que viví una adolescencia muy feliz. Y es que fui siempre una muchacha muy alegre. Me encantaba bailar, salir de paseo, y valoraba mucho el tiempo que pasaba en compañía de mis amigas.

Al graduarme de la escuela, escogí estudiar Mercadeo y Publicidad en la universidad católica del país. Esos años de juventud, jamás los olvidaré; pues conocí muchas personas, e hice muchos amigos, a quienes quise, y quienes me demostraron su lealtad y su afecto sincero durante el camino de mi vida.

Tan pronto obtuve mi título universitario, empecé a forjar una carrera profesional exitosa, lo cual hizo sentir muy orgullosa a mi madre. Con los años y la experiencia profesional que había acumulado, empecé a incursionar en la docencia. Esto me permitiría retribuir a otros, a través del conocimiento, todos los esfuerzos y el sacrificio de mi bella madre para brindarme una educación.

Recuerdo que, cuando yo cumplía los treinta años, mi madre empezó a manifestar quebrantos de salud. Unos años antes, producto de su sobrepeso, la habían declarado hipertensa. Se sentía débil, y en ocasiones, el lado izquierdo de su cuerpo le fallaba, y su rostro le hormigueaba. Una noche de manera súbita sufrió un derrame, y pocos días después, mi madre falleció. Fue uno de los momentos más tristes de mi vida. Y es que mi madre y yo habíamos desarrollado una relación muy cercana, y su partida me produjo un enorme vacío.

Ahora me tocaba a mí tomar control y hacerme cargo del cuidado de mi hermano a quien yo tanto amaba. Era un compromiso de vida que había adquirido con mi madre. Y coincidiendo con su muerte, mi padre me pidió regresar a casa.

Para ese momento, mi relación con mi padre era muy poca y casi carente de afecto. Yo aún no podía perdonarle que nos abandonara de pequeños. Esto era un sentimiento tan intenso que seguro le perdonaría en otra vida.

Sin embargo, yo era consciente de la necesidad de compartir el cuidado de mi hermano, ya que yo trabajaba para sostener el hogar. Así es que, a regañadientes, y por necesidad, lo acepté de vuelta en casa. Quizá muy en el fondo, lo veía también envejeciendo; y mi sentido de humanidad me indicaba que, a pesar de todo, era mi padre, y dada la discapacidad de mi hermano, yo sería hacia el final de su vida, responsable de cuidarlo.

Así fueron pasando los años, y me fui recuperando emocionalmente de la pronta partida de mi madre; empecé a sentir cómo la vida me sonreía otra vez. Así que decidí volver a vivir. Y con esto descubrí una gran pasión que llegó a llenar mi vida: empecé a viajar y descubrir bellos e inimaginables lugares. Cuando menos lo imaginaba, ya había subido a otro avión, con la ilusión y la alegría de encontrar nuevos destinos. Y con los paradisiacos lugares, llegaron también nuevos e inolvidables amores. Fue la mejor etapa de mi vida.

Y es que esa etapa me devolvió también a un grupo de amigas de toda una vida; con quienes a pesar de no compartir el mismo recorrer profesional, compartimos grandes y memorables momentos, que me acompañarían eternamente. Esperábamos los fines de semana para reunirnos. Nos reíamos, compartíamos una copa de vino, situaciones, problemas, anécdotas; y todas aquellas historias que fortalecen una amistad, producto de una hermosa relación de complicidad entre amigas. Aprendimos a darnos la mano en todo momento.

Nos habíamos convertido en una verdadera hermandad. Por eso, a la muerte de mi hermano, unos años después, pude superar con mayor facilidad su partida.

Cuando cumplí cuarenta y siete años, y con algo de dinero ahorrado, decidí emprender profesionalmente mi propio negocio. Era de capacitación, pues yo siempre había tenido la curiosidad de compartir mis experiencias y conocimiento. Entonces, descubrí una técnica psicoterapéutica que me cambiaría la vida: incursioné en "la risoterapia". Y experimentando los cambios mentales y emocionales que produce la risa, empecé a sentirme más viva que nunca.

Y una vez más, quise compartir con mis amigas esa bella e inexplorada experiencia. Realmente nunca olvidaré esa sesión donde, estando todas juntas, las conduje a través de esta increíble experiencia. Recuerdo que esa noche, reímos y reímos hasta más no poder.

Los meses transcurrieron y yo me sentía feliz con mi emprendimiento. La vida una vez más me sonreía.

Mi padre era pastor y en una asesoría de jóvenes de la comunidad, por indiscreción comentó que su hija había salido de una excelente compañía, y le habían reconocido con una gran compensación económica. Sin yo saberlo, esta información se había diseminado por la comunidad.

Hasta que una noche, retorné a casa después de una fiesta; y siendo la una y veintiocho minutos, desde el estacionamiento, escribí un mensaje a mi grupo de amigas indicando que ya había llegado sana y salva a mi hogar. Y que esta era una costumbre y un código de protección entre nosotras. Toda vez que, si alguna salía una noche, debía informar a todas, desde casa, que había llegado.

Mi descuido fue no avisar cuando había entrado a mi residencia. Al salir de mi automóvil, me dirigí a la entrada, y al abrir la puerta principal, la misma fue cerrada de un solo portazo.
El pánico se apoderó de mí, al ver a mi anciano padre, tirado en el piso, golpeado y envuelto en sangre. Parecía estar muerto. Sin embargo, no pude confirmar su condición, pues de inmediato fui inmovilizada por dos hombres que me preguntaban una y otra vez que dónde estaba el dinero.

Yo no pude alcanzar a responder, pues casi al momento empezaron a golpearme. Yo peleaba como una leona a la que le han atacado a su pequeño cachorro; pero poco fue lo que desde mi fuerza pude hacer. Seguían golpeándome con saña; como si yo les hubiese hecho algo.

Una y otra vez les respondí que no tenía ningún dinero, más que lo que llevaba en mi cartera; pero esto, lo único que hizo fue encender más su furia.

A empujones me sacaron de la casa, y detrás de mí, cargado llevaban a mi padre. Pude ver cómo subían a mi progenitor en otro coche, sin saber que sería la última vez que lo vería.

De la peor manera posible, y a pesar de que yo intentaba gritar, fui subida al asiento posterior de mi vehículo por dos hombres. Uno iba a mi lado intentando asegurar mi silencio, mientras el otro manejaba.

Me llevaron a dos cajeros automáticos, de donde tuve que retirar dinero, que de inmediato fue entregado a mis agresores. Pero parece que, para ellos, esto no era suficiente.

Manejaron hacia un área cercana a mi casa, pero distante del ruido de la ciudad. Un área oscura y peligrosa. A empujones me sacaron del auto y me tiraron al suelo. Yo trataba de liberarme, pero se ensañaron aún más. Fue aquí donde sentí el frío filo de un puñal atravesar mi abdomen, una y otra vez.

Yo no lograba entender lo que pasaba, seguían golpeándome el rostro, el cuerpo, el alma; inmisericordes. Presentía que estaba muy cerca mi momento. Y finalmente escuché el disparo de una bala, sintiendo un doloroso puyazo en mi sien.

Allí alcancé a verme de frente. Me encontraba tirada, brutalmente golpeada y sin vida, sumergida en un charco de mi propia sangre.

Fue un momento muy confuso. Sin embargo, ocurrió

algo muy hermoso para mí. A pocos pasos de donde me encontraba, pude ver a mi madre y a mi hermano sonriéndome, y tendiéndome la mano. Estaban alumbrados por una bella y resplandeciente luz. Y acompañada de esa imagen, me sobrevino la más divina sensación de felicidad, paz y alegría que jamás en mi vida habría podido experimentar.

Así que, me levanté y caminé hacia ellos, para recorrer el desconocido camino que me llevaría hacia mi nuevo hogar. Donde ya no encontraría deudas, compromisos, preocupaciones, frustraciones, dolor, tristeza, o ilusiones rotas. Solo los más incomparables sentimientos de amor que nunca un ser humano podría llegar a imaginar.

Los días transcurrieron, y pude ver cómo mi tía y mis amigas me buscaban incansablemente, y seguían a la policía y las noticias, esperando descubrir mi paradero.

Yo quería avisarles que estaba muy bien en mi nuevo hogar, para que ellas, mis amigos, colegas, compañeros y estudiantes, no sufrieran mi partida.

Pero ya el portal grupal de mensajes no me funcionaba para poder avisarles que había llegado bien, y que ellas no se preocuparan.

Unos días después, recibirían todos, la difícil noticia de mi partida. Mis amigas lloraban con un dolor que solo pueden experimentar los seres que te aman. Podía observarlas en la iglesia frente a mi fotografía, rodeada de familiares y amigos. Estas chicas habían llegado a convertirse con el tiempo, en la extensión de una hermosa y gran familia. "Eran las hermanas que la vida me regaló".

Mi padre había sobrevivido al brutal ataque, y después de un mes en coma, se encontraba reponiéndose de las graves heridas que por poco lo llevan a la muerte.

Poco tiempo después, empezaron las investigaciones de mi muerte. El dolor de mis familiares y amigos, no dejaría que mi muerte pasara impune.

A pesar de que han pasado tres años desde mi partida, las investigaciones no terminan de dar con el móvil de mi fallecimiento; así como tampoco de definir quién acabó con mi vida, en una edad donde empezaba a descubrir mi verdadera y auténtica esencia. Pero todos los que me conocieron tienen la esperanza de que algún día se me pueda hacer justicia.

Desde el hermoso lugar donde me encuentro, con la gran sonrisa que siempre me caracterizó iluminando mi rostro, y en medio de un hermoso paisaje, tal como mis amigas lo imaginan, rememoro mi vida. Incluso a veces, a mis queridas hermanas de la vida las visito en sueños; les sonrío y hasta las abrazo. Y es que siempre velaré por ellas, desde dondequiera que me encuentre.

A pesar de que viví mi vida con intensidad, hasta el último día, hoy me encuentro mejor que nunca; estoy en paz, y soy realmente dichosa y feliz.

A mis amigas, y a todas las mujeres que han experimentado todo tipo de emociones a través de cada vuelta al Sol que Dios nos regala, les pido que "vivan su vida a plenitud y que disfruten cada bendición que la vida les obsequia; porque nunca sabes cuándo será el último día en que tengas la oportunidad de sonreír, y experimentar la verdadera felicidad".

Mensaje al lector...

Si llegaste a esta parte de mi libro, para ti, mi más sincero agradecimiento, porque con ello demuestras que estás interesada en tu autoestima, en mejorar tu vida, en lograr que tu ser trascienda para que muchas mujeres alcancen la plenitud que tanto ansían... Muchas gracias a ti, querida lectora.

Yelena Rodríguez

Nació en la ciudad de Panamá el 28 de abril de 1970. Estudió en el Instituto Panamericano, y posteriormente obtuvo su licenciatura en Administración de Empresas y Contabilidad en la Universidad de Panamá.

Luego de algunos años, estudió un posgrado en Alta Gerencia, y obtuvo su maestría en Gerencia Estratégica en la Universidad Interamericana de Panamá. Posteriormente, cursó estudios para obtener su formación en Docencia Superior.

Ha fungido como miembro de grupos élite de la profesión contable, así como enlace directo del país con organismos y entidades internacionales, garantes de la emisión e implementación de normativas contables, éticas y de auditoría a nivel mundial; lo que la ha posicionado como un referente femenino en su campo.

Es autora de diversos artículos de interés en materia ética, de aseguramiento de la calidad, planeación estratégica, así como coautora del libro Origen, evolución y prospectiva de la profesión contable en el continente americano.

Datos de contacto

507 6617-0864

yelenarodriguez@hotmail.com

Yely R. Trujillo